서울대 한국어+ Workbook

서울대학교 언어교육원 지음
장소원 | 김현진 | 김슬기 | 이정민

2A

서울대학교출판문화원

머리말
Preface

《서울대 한국어⁺ Workbook 2A》는 《서울대 한국어⁺ Student's Book 2A》의 부교재로, 주교재로 이루어지는 학습을 보완하기 위해 개발되었습니다. 어휘와 문법을 다양한 상황 속에서 연습해 보고 복습 단원을 통해 종합적으로 정리해 볼 수 있도록 하였습니다.

어휘는 사용 영역과 환경을 고려한 문제를 제시함으로써 실질적인 사용에 잘 활용될 수 있도록 하였고, 초급 과정에서 한국어를 배우면서 문장을 구성할 때, 더 나아가 담화를 구성할 때 목표 문법을 정확히 활용할 수 있도록 배려하였습니다. 이때 어휘와 문법이 포함된 문장이나 대화는 기계적인 연습에서 시작하여 실제 상황에서 활용할 수 있는 유의미한 대화로 연계될 수 있도록 함으로써 교실에서의 학습이 실제 언어 사용으로 바로 연결되도록 하였습니다.

또한 세 단원마다 복습 단원을 배치함으로써 학습 내용을 점검하고 정리할 수 있도록 하였는데, 복습 단원에는 TOPIK 형식의 어휘와 문법을 익히는 문제, 듣기 문제, 읽기 및 쓰기 문제, 말하기 활동과 발음 복습 등을 담아 과별로 익힌 언어 지식을 확인함과 동시에 통합적인 복습을 하는 단계로 활용되게 하였습니다.

이 책이 나오기까지 정말 많은 분들의 노력과 수고가 있었습니다. 1~6급 교재의 개발을 위한 사전 연구부터 시작해서 전체적인 작업을 총괄해 주신 서울대학교 국어국문학과 장소원 교수님, 2급 주교재와 워크북의 집필을 총괄한 김현진 선생님과 김슬기, 이정민 선생님의 노고에 진심으로 감사드립니다. 또 2급 워크북 전권의 내용을 일일이 감수해 주신 김은애 교수님, 영어 번역을 맡아 주신 이소명 번역가와 번역 감수를 맡아 주신 UCLA 손성옥 교수님, 그리고 멋진 삽화 작업으로 빛나는 책을 만들어 주신 ㈜예성크리에이티브 분들 그리고 녹음을 담당해 주신 성우 김성연, 이상운 선생님께도 감사드립니다. 2급 워크북의 문제들을 하나하나 풀며 검토해 주신 오미남, 유재선 선생님과 2022년 봄학기에 미리 샘플 단원을 사용한 후 소중한 의견을 주신 2급의 김상희, 박영지, 오미남, 윤다인, 이희진, 장용원, 조경윤, 주은경 선생님께도 진심으로 감사의 말씀을 드립니다. 마지막으로 한국어 교재의 출판을 결정하고 물심양면으로 지원해 주신 서울대학교출판문화원 이준웅 원장님과, 힘든 과정을 감수하신 관계자분들께 깊이 감사드립니다.

2022년 11월
서울대학교 언어교육원 원장
이호영

SNU Korean+ Workbook 2A is a supplementary material to complement **SNU Korean+ Student's Book 2A**. Learners can practice vocabulary and grammar in a variety of situations and comprehensively learn through the review units.

By presenting challenges related to proper usage, the vocabulary is applied practically. When studying Korean in the beginner's course, consideration was placed on applying the target grammar correctly when forming sentences and, more importantly, when constructing discourse. Sentences or conversations comprised of vocabulary and grammar begin with repetitive exercises and progress to meaningful conversations that can be utilized in real-world scenarios, so that learning in the classroom is directly related to language use outside the classroom.

Additionally, regular review units are included every 3 units to allow students to check and organize their learning. The review unit includes TOPIK-style vocabulary and grammar learning problems; listening, reading, and writing problems; speaking activities; and pronunciation review. It serves as an integrated review while confirming comprehension of the language.

A lot of dedication and hard work went into the publication of this book. I would like to express my sincerest gratitude to Seoul National University Professor Chang Sowon at the Department of Korean Language and Literature, for overseeing the entire project, beginning with the preliminary research for the development of **SNU Korean+** Levels 1-6; Seoul National University LEI Instructor Kim Hyun Jean, for supervising the authoring of **SNU Korean+ Student's Book 2A/2B** and **SNU Korean+ Workbook 2A/2B**; and Seoul National University LEI Instructors Kim Sulki and Lee Jeong Min, for their efforts. I would also like to thank the supervisor, former Seoul National University LEI Professor Kim Eun Ae, for supervising the Level 2 contents, Lee Somyung for the English translation, UCLA Professor Sohn Sung-Ock for editing the translation, the YESUNG Creative artists for the stunning illustrations, voice actors Kim Seongyeon and Lee Sangun. Many thanks to Seoul National University LEI Instructors Oh Minam and Yoo Jaeseon for reviewing and solving each practice problem in **SNU Korean+ Workbook 2A/2B** along with Seoul National University LEI Level 2 Instructors Kim Sanghee, Park Youngji, Oh Minam, Yoon Dyne, Lee Heejin, Jang Yongwon, Cho Kyungyoon, and Chu Eunkyung, for providing insightful feedback after using the sample unit as a pilot in the spring semester of 2022. Lastly, a special thanks to Seoul National University Press Director June Woong Rhee for providing financial and spiritual support and deciding to publish these Korean textbooks, as well as everyone for working tirelessly on this project.

November 2022
Lee Hoyoung
Executive Director
Language Education Institute, Seoul National University

일러두기 How to Use This Book

《서울대 한국어⁺ Workbook 2A》는 《서울대 한국어⁺ Student's Book 2A》의 부교재로 1~9단원과 복습 1~3으로 구성되었다. 각 단원은 두 과로 구성되어 있으며 각 과는 '어휘 연습', '문법과 표현 연습'으로 이루어져 있다. 복습은 '어휘, 문법과 표현, 듣기, 읽기, 쓰기, 말하기, 발음'으로 구성되어 있다.

SNU Korean⁺ Workbook 2A is a supplementary material to complement **SNU Korean⁺ Student's Book 2A**, and it is made up of Units 1-9 and Reviews 1-3. Each unit consists of two lessons, and each lesson has Vocabulary Practice and Grammar & Expression Practice. The review is composed of Vocabulary, Grammar & Expression, Listening, Reading, Writing, Speaking, and Pronunciation.

각 단원에서 학습 목표로 삼는 어휘와 문법과 표현을 제시하여 학습할 내용을 파악할 수 있도록 하였다.

Each unit presents Vocabulary and Grammar & Expression that are used as learning goals.

어휘 Vocabulary

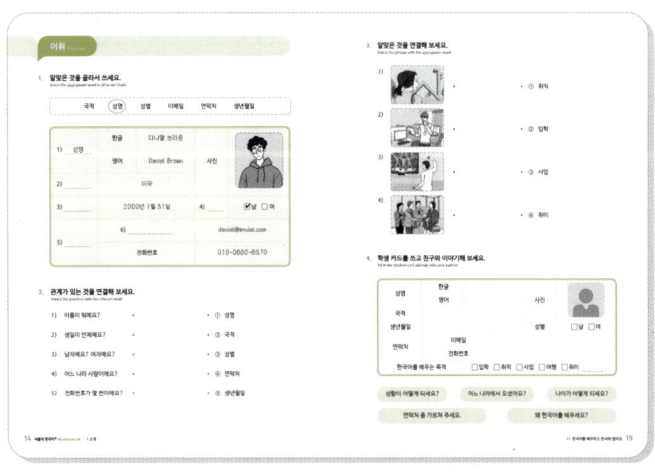

주제별로 선정된 목표 어휘의 의미를 확인하고, 사용법이나 연어 관계 등을 익히며, 문장이나 대화 단위의 어휘 연습을 통해 어휘 사용 능력을 향상시킨다.

For each topic, check the meaning of the target vocabulary that has been chosen, learn the usage or relationship between words, and develop learners' vocabulary through vocabulary practice in sentences or conversational units.

문법과 표현 Grammar & Expression

형태 연습부터 문장 연습, 대화 연습, 유의미한 연습까지 단계적으로 구성하였다.
The workbook is structured step-by-step, beginning with form practice, sentence practice, conversation practice, and meaningful practice.

형태 연습 Form Practice
목표 문법의 활용 형태를 연습하게 한다.
Learners will practice the usage form of the target grammar.

대화 연습 Conversation Practice
제시어나 그림을 활용하여 상황이 드러나는 짧은 대화를 구성하게 한다.
Learners will compose a short dialogue that describes the situation by using the suggested word or picture.

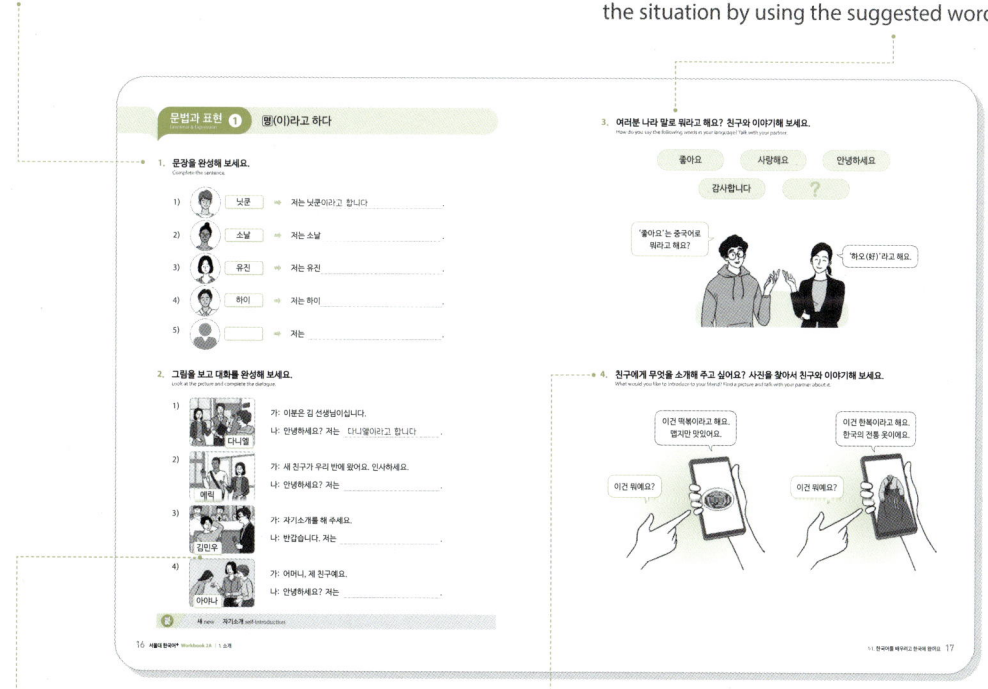

문장 연습 Sentence Practice
제시어나 그림을 활용하여 문장을 구성하게 한다.
Learners will create sentences using the suggested word or picture.

유의미한 연습 Meaningful Practice
문법을 활용할 수 있는 유의미한 상황을 제시하여 학습자들이 스스로 이야기해 볼 수 있도록 한다. 이러한 연습을 통해 문법 사용 능력과 의사소통 능력을 함께 향상시키고자 하였다.

By presenting meaningful situations in which grammar can be used, learners will be able to speak for themselves. Through these practices, we intend to help learners improve their grammar usage skills as well as their communication skills.

 **복습** Review

세 단원마다 제시되는 복습에서는 각 단원에서 학습한 내용과 연계하여 어휘, 문법과 표현, 듣기, 읽기, 쓰기, 말하기, 발음을 영역별로 복습할 수 있도록 구성하였다.

Vocabulary, Grammar & Expression, Listening, Reading, Writing, Speaking, and Pronunciation can be reviewed every 3 units in relation to the contents learned in each unit.

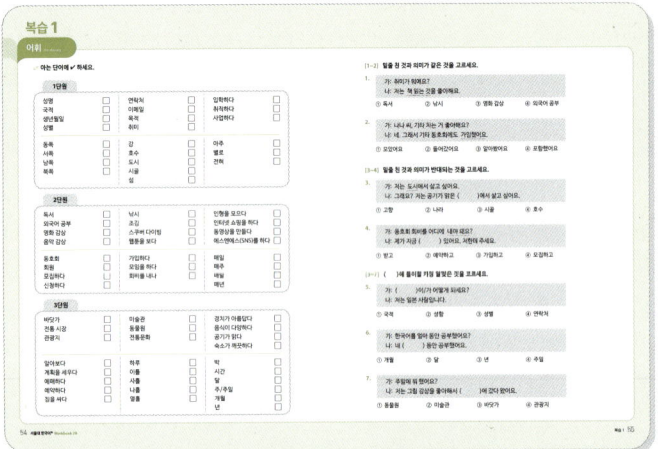

어휘 Vocabulary

목표 어휘 목록과 함께 문제를 제공하여 학습한 어휘를 재확인하고 연습할 수 있도록 하였다.

By providing questions along with a list of the target vocabulary, learners can confirm the vocabulary that they have learned.

문법과 표현 Grammar & Expression

문법과 표현의 각 항목을 예문과 함께 제시하여 학습한 내용을 확인할 수 있도록 하였다. 또한 다양한 형태의 문제를 제공하여 각 항목의 의미와 용법을 재확인하고 연습할 수 있도록 하였다.

By outlining the grammar and expressions for each category along with sample sentences, it helps learners confirm the learning materials. Additionally, by offering a variety of questions, learners can verify the meaning and application of each category and practice them.

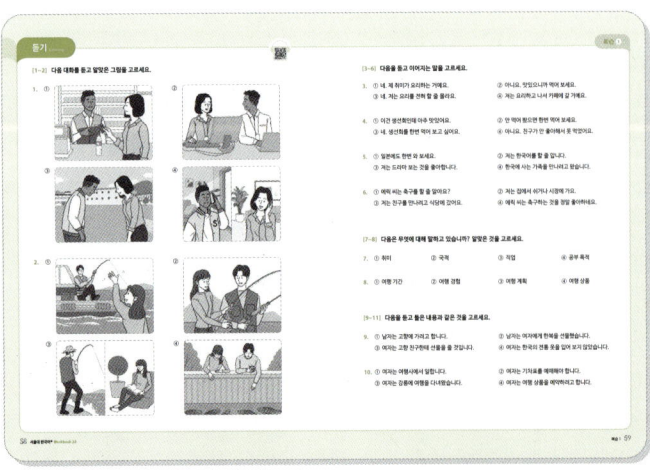

듣기 Listening

학습한 주제, 문법과 표현에 관련된 다양한 내용의 듣기 자료를 문제와 함께 제공하여 학습자의 이해 능력을 향상시키고자 하였다.

By providing listening materials of various content related to the learned topic, grammar and expressions along with questions, learners will be able to improve their comprehension skills.

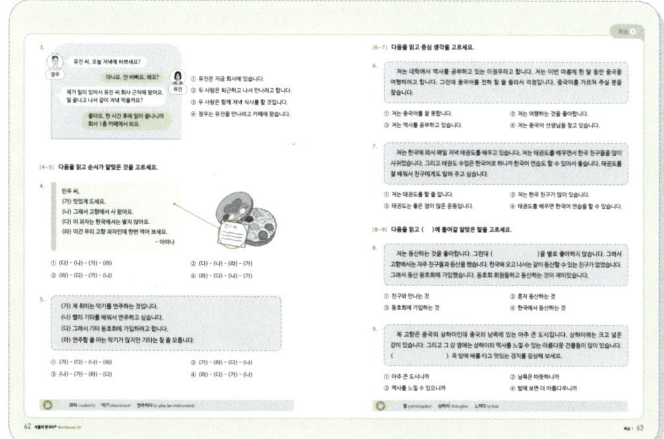

읽기 Reading

학습한 주제와 관련되거나 학습한 목표 어휘와 문법이 포함된 다양한 텍스트를 문제와 함께 제공하여 이해 능력을 향상시키고자 하였다.

By providing various texts related to the learned topic or including the learned target vocabulary and grammar with questions, learners will be able to improve their comprehension skills.

쓰기 Writing

읽기의 마지막 텍스트와 관련된 주제 중심의 쓰기 연습을 통해 담화 구성 능력을 향상시킬 수 있도록 하였다.

Through topic-oriented writing practice related to the last text of reading, learners will be able to improve their discourse construction skills.

말하기 Speaking

말하기 1: 학습한 문법과 표현을 사용하여 질문에 답을 하는 과정에서 문장 구성 능력을 기르도록 하였다.

Speaking 1: In the process of answering questions using the learned grammar and expressions, learners will be able to develop the ability to construct sentences.

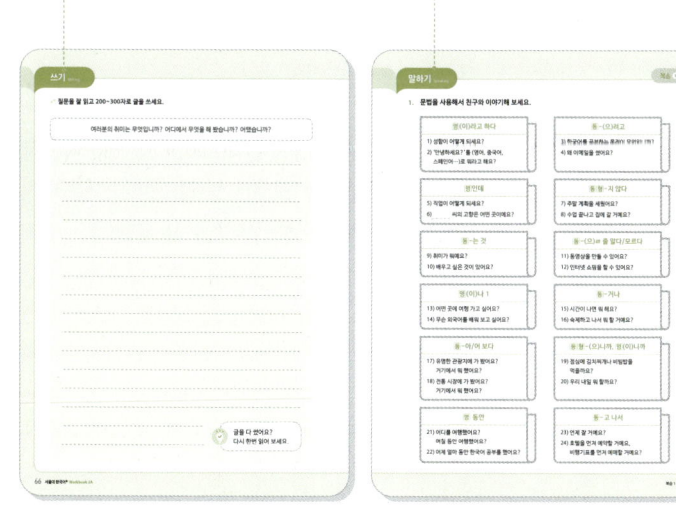

말하기 2: 그림을 보고 제시된 상황에 적절한 어휘와 문법을 사용하여 이야기를 만들어 보는 과정에서 담화 구성 능력을 기르도록 하였다.

Speaking 2: In the process of creating a story using vocabulary and grammar appropriate to the situation presented by looking at the pictures, learners can develop the ability to construct discourse.

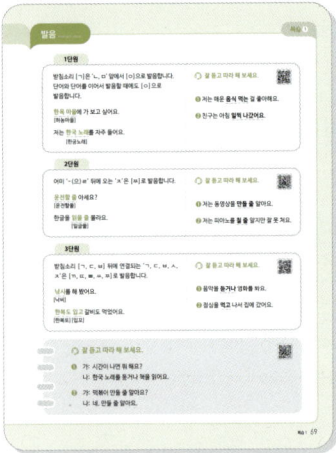

발음 Pronunciation

학습한 발음을 정리하고 추가 연습을 제시하여 발음의 정확성을 향상시키고자 하였다.

By presenting a summary of the learned pronunciation and additional exercises, learners will be able to improve their accuracy in pronunciation.

부록 Appendix

'듣기 지문'과 '모범 답안'으로 구성된다.

The appendix consists of the Listening Script and Answer Key.

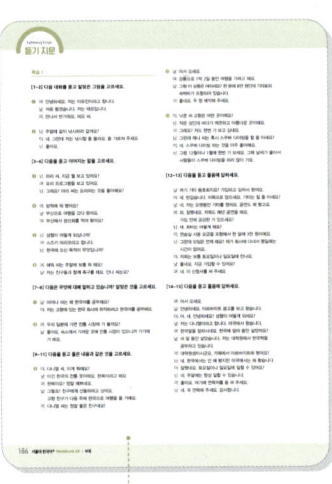

모범 답안 Answer Key

각 과의 '어휘, 문법과 표현' 문제, 복습의 '어휘, 문법과 표현, 듣기, 읽기, 말하기' 문제에 대한 모범 답안을 제공한다.

The answers are provided for each lesson's questions on Vocabulary, Grammar & Expression as well as the review for Vocabulary, Grammar & Expression, Listening, Reading, and Speaking.

듣기 지문 Listening Script

복습 듣기의 지문을 제공한다.

The scripts for the listening review are provided.

차례
Table of Contents

머리말 Preface		• 2
일러두기 How to Use This Book		• 4
교재 구성표 Scope and Sequence		• 10

2A

1단원	소개 Introduction	1-1.	한국어를 배우려고 한국에 왔어요 I came to Korea to learn Korean	• 14
		1-2.	제 고향은 춘천인데 닭갈비가 유명합니다 My hometown is Chuncheon, and it is famous for dakgalbi	• 20
2단원	취미 Hobby	2-1.	저는 요리하는 걸 좋아해요 I like to cook	• 28
		2-2.	매주 금요일이나 토요일에 모입니다 We meet every week either on Friday or Saturday	• 34
3단원	여행 경험 Travel Experiences	3-1.	부산에 가 봤어요? Have you been to Busan?	• 42
		3-2.	1박 2일 동안 전주에 갔다 왔어요 I went to Jeonju for 2 days & 1 night	• 48
복습 1 Review 1				• 54
4단원	쇼핑 Shopping	4-1.	이거보다 더 긴 거 있어요? Is there something longer than this?	• 72
		4-2.	지난주에 산 운동화를 교환하고 싶습니다 I want to exchange the sneakers I bought last week	• 78
5단원	우체국과 은행 Post Offices & Banks	5-1.	소포를 보내려고 왔는데요 I'm here to send a package	• 86
		5-2.	비밀번호를 눌러 주세요 Please enter your password	• 92
6단원	하루 일과 Daily Routine	6-1.	토요일마다 청소를 해요 I clean every Saturday	• 100
		6-2.	수업이 끝난 후에 인사동에 갔어요 I went to Insa-dong after class	• 106
복습 2 Review 2				• 112
7단원	길 찾기 Getting Directions	7-1.	서울대학교까지 얼마나 걸릴까요? How long would it take to get to Seoul National University?	• 130
		7-2.	영화관이 어디에 있는지 아세요? Do you know where the movie theater is?	• 136
8단원	모임 Gathering	8-1.	축하 파티를 하기로 했어요 We're going to throw a celebration party	• 144
		8-2.	제가 먹을 것을 준비할게요 I'll prepare something to eat	• 150
9단원	건강한 생활 Healthy Life	9-1.	약을 먹는 게 어때요? How about taking some medicine?	• 158
		9-2.	목이 부은 것 같아요 I think my throat is swollen	• 164
복습 3 Review 3				• 170

부록 Appendix	
듣기 지문 Listening Script	• 186
모범 답안 Answer Key	• 189

교재 구성표
Scope and Sequence

	단원 제목 Unit Title	어휘 Vocabulary	문법과 표현 Grammar & Expression
1. 소개 Introduction	1-1. 한국어를 배우려고 한국에 왔어요 I came to Korea to learn Korean	개인 정보, 공부 목적 Personal information, Purpose of study	• 명(이)라고 하다 • 동-(으)려고
	1-2. 제 고향은 춘천인데 닭갈비가 유명합니다 My hometown is Chuncheon, and it is famous for dakgalbi	고향, 정도 부사 Hometown, Adverbs of degree	• 명인데 • 동형-지 않다
2. 취미 Hobby	2-1. 저는 요리하는 걸 좋아해요 I like to cook	취미 Hobby	• 동-는 것 • 동-(으)ㄹ 줄 알다/모르다
	2-2. 매주 금요일이나 토요일에 모입니다 We meet every week either on Friday or Saturday	동호회, 시간 부사 Clubs, Adverbs of time	• 명(이)나 1 • 동-거나
3. 여행 경험 Travel Experiences	3-1. 부산에 가 봤어요? Have you been to Busan?	여행 ① Travel ①	• 동-아/어 보다 • 동형-(으)니까, 명(이)니까
	3-2. 1박 2일 동안 전주에 갔다 왔어요 I went to Jeonju for 2 days & 1 night	여행 ②, 기간 Travel ②, Period	• 명 동안 • 동-고 나서
복습 1 Review 1			
4. 쇼핑 Shopping	4-1. 이거보다 더 긴 거 있어요? Is there something longer than this?	쇼핑 ① Shopping ①	• 동-는 것 같다, 형-(으)ㄴ 것 같다, 명인 것 같다 • 명보다
	4-2. 지난주에 산 운동화를 교환하고 싶습니다 I want to exchange the sneakers I bought last week	쇼핑 ② Shopping ②	• 동-(으)ㄴ 명 • 명(으)로
5. 우체국과 은행 Post Offices & Banks	5-1. 소포를 보내려고 왔는데요 I'm here to send a package	우체국 Post office	• 동-는데요, 형-(으)ㄴ데요, 명인데요 • 동형-(으)ㄹ 거예요
	5-2. 비밀번호를 눌러 주세요 Please enter your password	은행 Bank	• '르' 불규칙 • 동-(으)면 되다

	단원 제목 Unit Title	어휘 Vocabulary	문법과 표현 Grammar & Expression
6. 하루 일과 Daily Routine	6-1. 토요일마다 청소를 해요 I clean every Saturday	집안일 Household chores	• 명마다 • 동-(으)ㄹ게요
	6-2. 수업이 끝난 후에 인사동에 갔어요 I went to Insa-dong after class	하루 일과 Daily routine	• 동-기 전에 • 동-(으)ㄴ 후에
복습 2 Review 2			
7. 길 찾기 Getting Directions	7-1. 서울대학교까지 얼마나 걸릴까요? How long would it take to get to Seoul National University?	교통 ① Transportation ①	• 동형-(으)ㄹ까요? • 동형-(으)ㄹ 것 같다, 명일 것 같다
	7-2. 영화관이 어디에 있는지 아세요? Do you know where the movie theater is?	교통 ② Transportation ②	• 동-는지 알다/모르다, 명인지 알다/모르다 • 동-다가
8. 모임 Gathering	8-1. 축하 파티를 하기로 했어요 We're going to throw a celebration party	모임 ① Gathering ①	• 동-기로 하다 • 동-(으)ㄹ까 하다
	8-2. 제가 먹을 것을 준비할게요 I'll prepare something to eat	모임 ② Gathering ②	• 동-(으)ㄹ 명 • 동형-(으)ㄹ 테니까
9. 건강한 생활 Healthy Life	9-1. 약을 먹는 게 어때요? How about taking some medicine?	증상 ①, 약 Symptoms ①, Medicine	• 형-아/어 보이다 • 동-는 게 어때요?
	9-2. 목이 부은 것 같아요 I think my throat is swollen	증상 ②, 병원 Symptoms ②, Hospital	• 'ㅅ' 불규칙 • 동-(으)ㄴ 것 같다
복습 3 Review 3			

1 소개 Introduction

- **1-1** 한국어를 배우려고 한국에 왔어요
- **1-2** 제 고향은 춘천인데 닭갈비가 유명합니다

1-1	어휘	개인 정보, 공부 목적
	문법과 표현	명(이)라고 하다
		동-(으)려고
1-2	어휘	고향, 정도 부사
	문법과 표현	명인데
		동형-지 않다

어휘 Vocabulary

1. 알맞은 것을 골라서 쓰세요.
Select the appropriate word to fill in the blank.

> 국적   성명   성별   이메일   연락처   생년월일

	한글	다니엘 브라운		
1) __성명__	영어	Daniel Brown	사진	
2) _____		미국		
3) _____		2000년 1월 31일	4) _____	☑남 ☐여
5) _____	6) _____		daniel@snulei.com	
	전화번호		010-0880-8570	

2. 관계가 있는 것을 연결해 보세요.
Match the question with the relevant word.

1) 이름이 뭐예요?   •   • ① 성명

2) 생일이 언제예요?   •   • ② 국적

3) 남자예요? 여자예요?   •   • ③ 성별

4) 어느 나라 사람이에요? •   • ④ 연락처

5) 전화번호가 몇 번이에요? •   • ⑤ 생년월일

3. 알맞은 것을 연결해 보세요.
Match the picture with the appropriate word.

1)  • ① 취직

2)  • ② 입학

3)  • ③ 사업

4)  • ④ 취미

4. 학생 카드를 쓰고 친구와 이야기해 보세요.
Fill in the student card and talk with your partner.

성명	한글		사진	
	영어			
국적				
생년월일			성별	☐남 ☐여
연락처	이메일			
	전화번호			
한국어를 배우는 목적	☐입학 ☐취직 ☐사업 ☐여행 ☐취미			

성함이 어떻게 되세요?   어느 나라에서 오셨어요?   나이가 어떻게 되세요?

연락처 좀 가르쳐 주세요.   왜 한국어를 배우세요?

문법과 표현 ❶ 명(이)라고 하다

1. 문장을 완성해 보세요.
Complete the sentence.

1) 닛쿤 ➡ 저는 닛쿤이라고 합니다.
2) 소날 ➡ 저는 소날_____.
3) 유진 ➡ 저는 유진_____.
4) 하이 ➡ 저는 하이_____.
5) ____ ➡ 저는 _____.

2. 그림을 보고 대화를 완성해 보세요.
Look at the picture and complete the dialogue.

1)
가: 이분은 김 선생님이십니다.
나: 안녕하세요? 저는 다니엘이라고 합니다.

2)
가: 새 친구가 우리 반에 왔어요. 인사하세요.
나: 안녕하세요? 저는 _____.

3)
가: 자기소개를 해 주세요.
나: 반갑습니다. 저는 _____.

4)
가: 어머니, 제 친구예요.
나: 안녕하세요? 저는 _____.

새 new 자기소개 self-introduction

3. **여러분 나라 말로 뭐라고 해요? 친구와 이야기해 보세요.**
   How do you say the following words in your language? Talk with your partner.

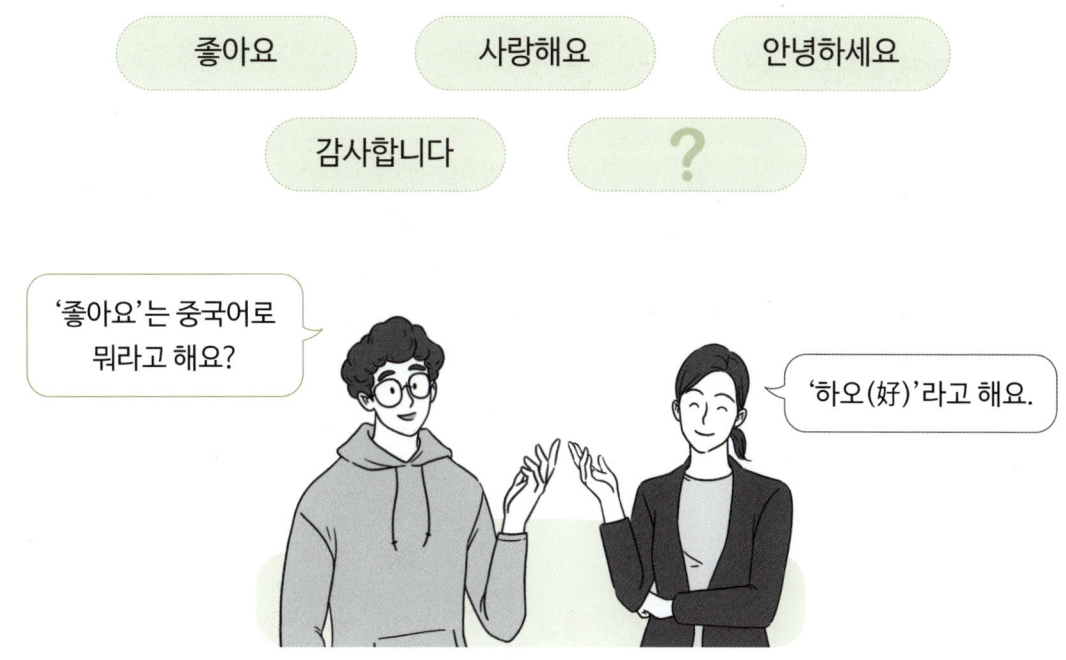

4. **친구에게 무엇을 소개해 주고 싶어요? 사진을 찾아서 친구와 이야기해 보세요.**
   What would you like to introduce to your friend? Find a picture and talk with your partner.

문법과 표현 2 　동-(으)려고

1. 빈칸에 알맞게 쓰세요.
Fill in the blanks.

	-(으)려고		-(으)려고
먹다	먹으려고	돕다	
읽다		듣다	
가다		만들다	
연습하다		살다	

2. 알맞은 것을 연결하고 문장을 만들어 보세요.
Match the expressions that go together and create a new sentence.

1) 점심을 먹다　•　　　　　•　시장에 가다

2) 사과를 사다　•　　　　　•　고기를 사다

3) 노래를 듣다　•　　　　　•　택시를 타다

4) 불고기를 만들다　•　　　　•　식당에 가다

5) 학교에 안 늦다　•　　　　•　이어폰을 끼다

1) 점심을 먹으려고 식당에 갔어요.
2) _____ .
3) _____ .
4) _____ .
5) _____ .

이어폰을 끼다 to wear earphones

3. 그림을 보고 대화를 완성해 보세요.
Look at the picture and complete the dialogue.

1)
가: 나나 씨, 어디에 가요?
나: <u>책을 읽으려고</u> 도서관에 가요.

2)
가: 다니엘 씨, 지금 어디에 있어요?
나: _____ 카페에 왔어요.

3)
가: 사진 찍었어요?
나: 네. _____ 찍었어요.

4)
가: 꽃을 왜 샀어요?
나: _____ 샀어요.

5)
가: 택시를 타고 왔어요?
나: 네. 수업 시간에 _____ 택시를 탔어요.

4. 친구와 이야기해 보세요.
Talk with your partner.

왜 한국에 왔어요?

한국어를 배우려고 한국에 왔어요.

| 왜 한국에 왔어요? | 왜 한국어를 배워요? | 왜 편의점에 갔어요? | 어제 어디에 갔어요? |

  꽃 flower

어휘 Vocabulary

1. 알맞은 것을 연결해 보세요.
Match the picture with the appropriate word.

1)　　　　2)　　　　3)　　　　4)　　　　5)

① 도시　　② 시골　　③ 섬　　④ 강　　⑤ 호수

2. 그림을 보고 알맞은 것을 골라서 쓰세요.
Look at the picture and select the appropriate word to fill in the blank.

동쪽　　서쪽　　남쪽　　북쪽

1) _____ 에는 산이 많아요.

서울은 한국의 2) _____ 에 있어요.

한국의 3) _____ 바다는 깨끗하고 아름다워요.

제주도는 한국의 4) _____ 에 있는 섬이에요.

3. 알맞은 것을 골라서 쓰세요.
Select the appropriate word to fill in the blank.

> 아주   별로   전혀

1) 가: 영어 잘해요?

   나: 아니요. 배웠지만 _____ 잘 못해요.

2) 가: 한국 음식 좋아해요?

   나: 네. _____ 좋아해요. 저는 한국 음식을 매일 먹어요.

3) 가: 말을 탈 수 있어요?

   나: 아니요. _____ 못 타요. 저는 말이 무서워요.

4. 여러분의 고향은 어때요? 친구와 이야기해 보세요.
What is it like in your hometown? Talk with your partner.

가: _____ 씨의 고향은 길이 복잡해요?

나: ● 네. 아주 복잡해요.

　　▲ 아니요. 별로 안 복잡해요.

　　✗ 아니요. 전혀 안 복잡해요.

	나	친구 이름:
1) 길이 복잡해요?		
2) 음식이 매워요?		
3) 편의점이 많아요?		
4) 택시 요금이 비싸요?		
5) 사람들이 커피를 많이 마셔요?		

말 horse   요금 fare

문법과 표현 ③ 명인데

1. 문장을 완성해 보세요.
Complete the sentence.

1)  한복, 한국의 전통 옷
   ➡ 이것은 <u>한복인데 한국의 전통 옷입니다</u>.

2)  한라산, 제주도에 있는 산
   ➡ 여기는 _____.

3)  한강, 서울에 있는 큰 강
   ➡ 여기는 _____.

4)  참외, 여름에 먹는 과일
   ➡ 이것은 _____.

2. 그림을 보고 대화를 완성해 보세요.
Look at the picture and complete the dialogue.

1)
   가: 이게 뭐예요?
   나: 이거는 <u>비빔밥인데</u> 건강에 좋은 음식이에요.

2)
   가: 이게 뭐예요?
   나: 이거는 _____ 한국 사람들이 여름에 자주 먹어요.

3)
   가: 여기는 어디예요?
   나: 여기는 _____ 경치가 아름다워요.

참외 Korean melon

4) 가: 이분은 누구세요?
   나: 이분은 우리 _____ 아주 친절하세요.

5) 가: 이 사람은 누구예요?
   나: 이 사람은 _____.

3. 대화를 만들어 보세요.
Create a dialogue.

1) 가: 여기가 어디예요? 어떤 곳이에요?
   나: 여기는 부산인데 바다가 아름다운 도시예요.

2) 가: 고향이 어디예요? 어떤 곳이에요?
   나: _____.

3) 가: 고향에서 자주 먹는 음식이 뭐예요? 맛이 어때요?
   나: _____.

4) 가: 고향에서 유명한 곳이 어디예요? 거기에서 뭐 해요?
   나: _____.

5) 가: 고향에서 유명한 사람이 누구예요? 그 사람은 직업이 뭐예요?
   나: _____.

6) 가: 좋아하는 사람이 누구예요? 어떤 사람이에요?
   나: _____.

문법과 표현 ④ 동형 -지 않다

1. 빈칸에 알맞게 쓰세요.
Fill in the blanks.

	-지 않다		-지 않다
먹다	먹지 않다	좋다	
읽다		맛있다	
듣다		덥다	
가다		멀다	
마시다		비싸다	
운동하다		피곤하다	

2. 그림을 보고 대화를 완성해 보세요.
Look at the picture and complete the dialogue.

1)
가: 고기를 먹어요?
나: 아니요. 먹지 않아요   .

2)
가: 텔레비전을 봐요?
나: 아니요.   .

3)
가: 지금 방이 깨끗해요?
나: 아니요.   .

4)
가: 어제 날씨가 추웠어요?
나: 아니요.   .

5)
가: 모자를 쓸 거예요?
나: 아니요.   .

3. 대화를 완성해 보세요.
Complete the dialogue.

1) 가: 아침을 먹었어요?
   나: 아니요. 시간이 없어서 <u>먹지 못했어요</u>.

2) 가: 책을 다 읽었어요?
   나: 아니요. 어려워서 아직 다 _____.

3) 가: 어제 친구를 만났어요?
   나: 아니요. 수업이 늦게 끝나서 _____.

4) 가: 잘 잤어요?
   나: 아니요. 시끄러워서 거의 _____.

5) 가: 그 소식을 들었어요?
   나: 아니요. _____. 무슨 일이에요?

4. 친구와 이야기해 보세요.
Talk with your partner.

가: 집에서 요리를 해요?
나: 네. 해요.
   아니요. 하지 않아요.

- 집에서 요리를 해요?
- 아침에 커피를 마셨어요?
- 어제 친구를 만났어요?
- 수업 끝나고 식당에 갈 거예요?
- 한국어 공부가 끝나고 한국에서 살 거예요?

시끄럽다 to be noisy   거의 nearly   소식 news

2

취미 Hobby

- **2-1** 저는 요리하는 걸 좋아해요
- **2-2** 매주 금요일이나 토요일에 모입니다

2-1	어휘	취미
	문법과 표현	동-는 것
		동-(으)ㄹ 줄 알다/모르다

2-2	어휘	동호회, 시간 부사
	문법과 표현	명(이)나 1
		동-거나

어휘 Vocabulary

1. 그림을 보고 알맞은 것을 쓰세요.
Look at the picture and fill in the blank.

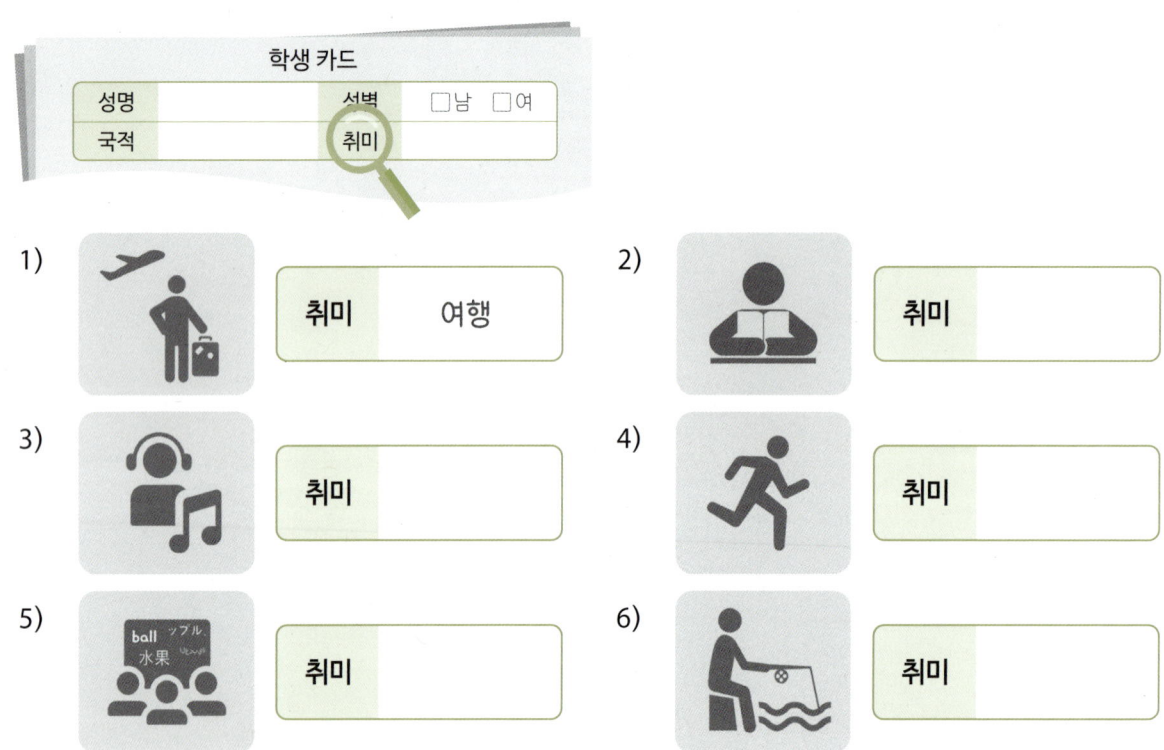

2. 그림을 보고 친구와 이야기해 보세요.
Look at the picture and talk with your partner.

3. 그림을 보고 대화를 만들어 보세요.
Look at the picture and create a dialogue.

1)
가: 시간이 나면 뭐 해요?
나: 등산을 해요.

2)
가: 지금 뭐 해요?
나: _____.

3)
가: 시간이 나면 뭐 해요?
나: _____.

4)
가: 아침에 보통 뭐 해요?
나: _____.

5)
가: 쉬는 시간에 뭐 해요?
나: _____.

6)
가: 주말에 보통 뭐 해요?
나: _____.

7)
가: 일요일에 보통 뭐 해요?
나: _____.

시간이 나다 to have free time

문법과 표현 ① 동-는 것

1. 빈칸에 알맞게 쓰세요.
Fill in the blanks.

	-는 것		-는 것
먹다	먹는 것	마시다	
읽다		공부하다	
듣다		살다	
가다		만들다	

2. 알맞은 것을 연결하고 문장을 만들어 보세요.
Match the expressions that go together and create a new sentence.

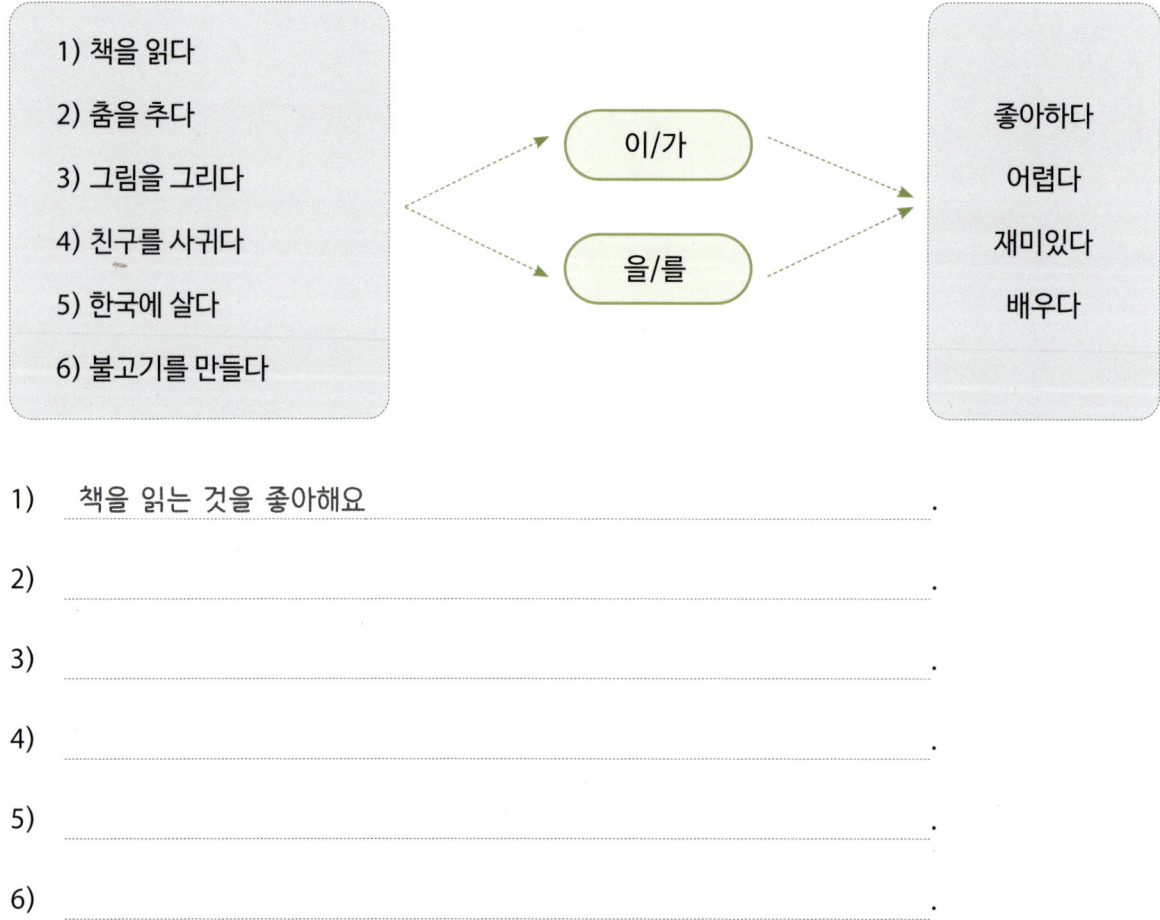

1) 책을 읽는 것을 좋아해요   .

2) _____ .

3) _____ .

4) _____ .

5) _____ .

6) _____ .

3. 그림을 보고 대화를 완성해 보세요.
Look at the picture and complete the dialogue.

1)
가: 취미가 뭐예요?
나: 저는 <u>사진 찍는 것을</u> 좋아해요.

2)
가: 노래하는 것을 좋아해요?
나: 아니요. 저는 _____ 좋아해요.

3)
가: _____ 어려워요?
나: 아니요. 쉬워요. 한번 배워 보세요.

4)
가: 테오 씨, 항상 게임을 하네요.
나: 네. 저는 _____ 재미있어요.

5)
가: 뭘 보고 있어요?
나: _____ 보고 있어요.

4. 친구와 이야기해 보세요.
Talk with your partner.

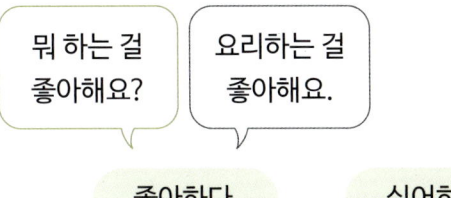

싫어하다 to dislike

문법과 표현 ❷ 동-(으)ㄹ 줄 알다/모르다

1. 문장을 만들어 보세요.
Create a sentence.

1) 한자를 읽다 — 한자를 읽을 줄 알아요. / 한자를 읽을 줄 몰라요.
2) 한복을 입다 —
3) 수영을 하다 —
4) 한글을 쓰다 —
5) 김밥을 만들다 —

2. 그림을 보고 대화를 만들어 보세요.
Look at the picture and create a dialogue.

1)
가: 요리할 줄 알아요 ?
나: 아니요. 요리할 줄 몰라요.

2)
가: _____ ?
나: 아니요. 탈 줄 몰라요.

3)
가: _____ ?
나: 네. 칠 줄 알지만 잘 못 쳐요.

4)
가: _____ ?
나: 네. 잘해요. 아버지가 태권도를 가르쳐 주셨어요.

5)
가: _____ ?
나: 네. 만들 줄 알아요. 어렵지만 재미있어요.

한자 Chinese character(s)   한글 Korean alphabet

3. 그림을 보고 친구와 이야기해 보세요.
Look at the picture and talk with your partner.

1)
2)
3)
4)
5)
6)

4. 뭘 할 줄 알아요? 친구와 이야기해 보세요.
What do you know how to do? Talk with your partner.

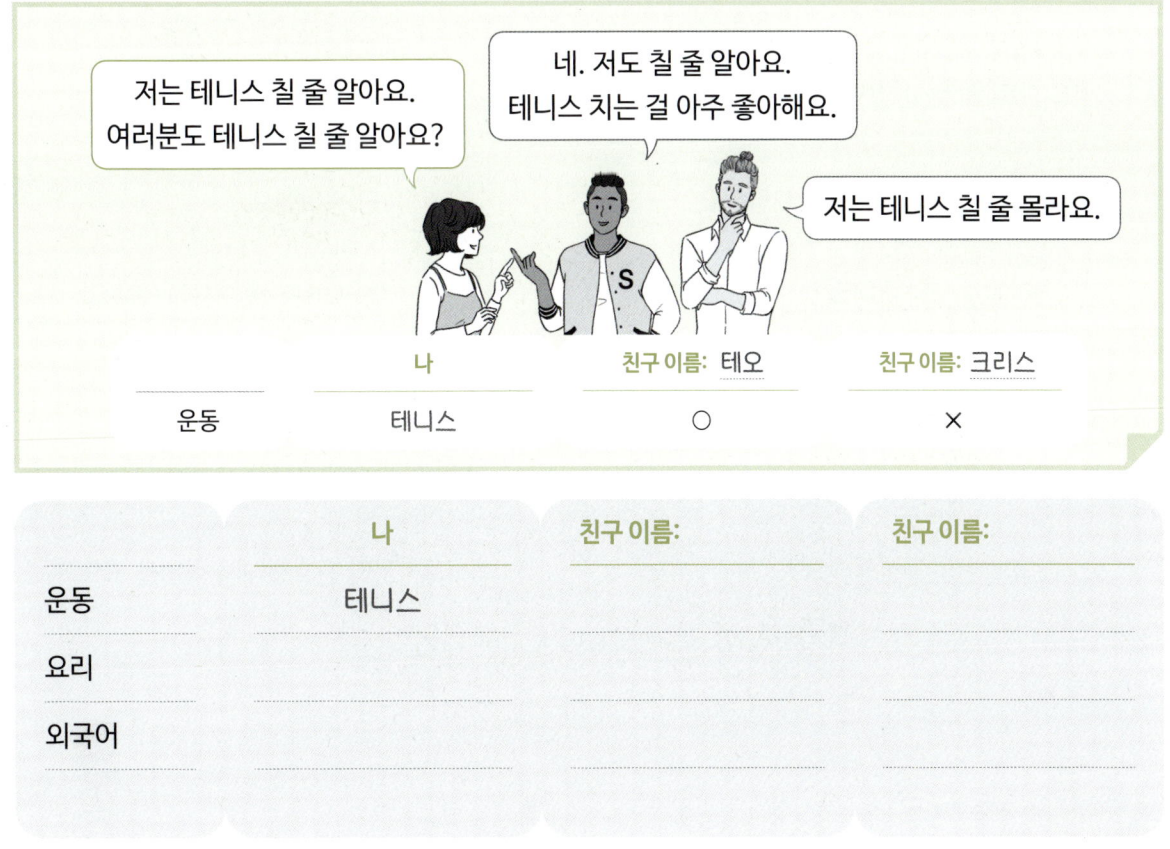

	나	친구 이름:	친구 이름:
운동	테니스		
요리			
외국어			

어휘 Vocabulary

1. 알맞은 것을 골라서 쓰세요.
Select the appropriate word and fill in the blank.

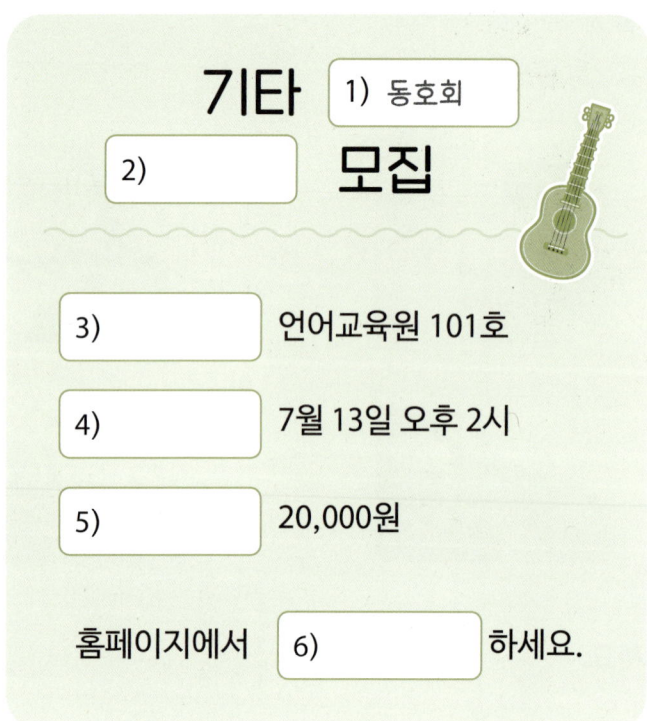

2. 위의 그림을 보고 알맞은 것을 연결하세요.
Look at the picture above and match the question with the answer.

1) 무슨 동호회에서 회원을 모집해요? •   • ① 2만 원이에요.

2) 어디에서 모임을 해요? •   • ② 7월 13일 오후 2시에 만나요.

3) 모임 시간이 언제예요? •   • ③ 언어교육원 101호에서 만나요.

4) 회비가 얼마예요? •   • ④ 홈페이지에서 신청해요.

5) 어떻게 가입을 신청해요? •   • ⑤ 기타 동호회에서 회원을 모으고 있어요.

홈페이지 homepage

3. 그림을 보고 알맞은 것을 골라서 문장을 완성해 보세요.
Look at the picture and select the appropriate word to complete the sentence.

| 매일 | 매주 | 매달 | 매년 |

1) 저는 _____ 한국어를 공부해요.

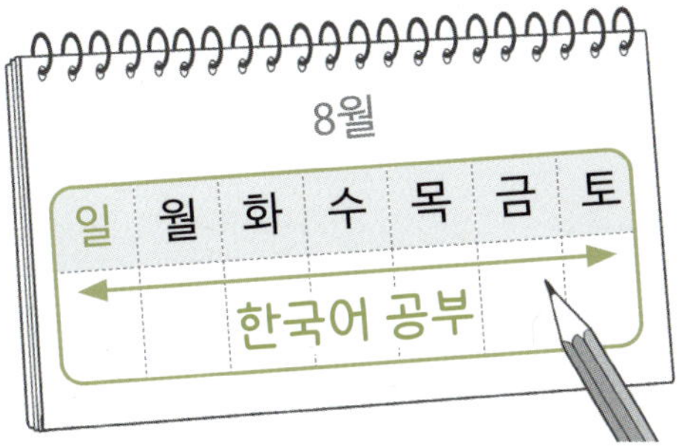

2) _____ 1일에 동호회 모임을 해요.

3) _____ 토요일에 아르바이트를 해요.

4) _____ 할머니 생신에 가족사진을 찍어요.

4. 그림을 보고 친구와 이야기해 보세요.
Look at the picture and talk with your partner.

영화 감상 동호회
- 모임 장소: 서울영화관
- 모임 시간: 매주 토요일 오전 9시
- 회비: 15,000원
- 신청: ☎02-880-5488

- 무슨 동호회예요?
- 어디에서 모임을 해요?
- 언제 모임이 있어요?
- 어떻게 신청해요?
- 회비를 내야 돼요?

문법과 표현 ③ 명(이)나 1

1. 알맞은 것을 고르세요.
Circle the appropriate one to complete the sentence.

1) 연필(**이나** / 나) 볼펜 있어요?

2) 영화관(이나 / 나) 공원에 갈까요?

3) 오늘(이나 / 나) 내일 만날 거예요.

4) 시계(이나 / 나) 가방을 사 주세요.

5) 마리(이나 / 나) 다니엘한테 전화해 보세요.

2. 그림을 보고 대화를 완성해 보세요.
Look at the picture and complete the dialogue.

1) 가: 아침에 보통 뭘 먹어요?
   나: 저는 <u>김밥이나 샌드위치를</u> 먹어요.

2) 가: 명동에 어떻게 가요?
   나: _____ 을/를 타고 가요.

3) 가: 생일에 무슨 선물을 받고 싶어요?
   나: _____ 을/를 받고 싶어요.

4) 가: 보통 어디에서 숙제해요?
   나: _____ 에서 숙제해요.

5) 가: 점심에 뭐 먹을까요?
   나: _____ 이/가 어때요?

3. 대화를 만들어 보세요.
Create a dialogue.

1) 가: 수업이 끝나고 보통 어디에 가요?

   나: 공원이나 스포츠 센터에 가요   .

2) 가: 어디에서 자주 쇼핑해요?

   나: _____.

3) 가: 방학에 어디에 가고 싶어요?

   나: _____.

4) 가: 비행기 안에서 보통 뭘 마셔요?

   나: _____.

5) 가: 좋은 일이 있으면 누구한테 전화해요?

   나: _____.

6) 가: 우리 언제 만날까요?

   나: _____.

문법과 표현 4 동-거나

1. 문장을 완성해 보세요.
Complete the sentence.

1) 사진을 찍다 / 그림을 그리다 ➡ 시간이 나면 <u>사진을 찍거나 그림을 그려요</u>.
2) 책을 읽다 / 뉴스를 보다 ➡ 시간이 나면 _____.
3) 쇼핑하다 / 카페에 가다 ➡ 시간이 나면 _____.
4) 농구하다 / 테니스를 치다 ➡ 시간이 나면 _____.
5) 인형을 만들다 / 웹툰을 보다 ➡ 시간이 나면 _____.

2. 그림을 보고 대화를 만들어 보세요.
Look at the picture and create a dialogue.

1)
가: 쉬는 시간에 뭐 해요?
나: <u>음악을 듣거나 화장실에 가요</u>.

2) 가: 퇴근 후에 보통 뭐 해요?
나: _____.

3) 가: 방학에 뭐 할 거예요?
나: _____.

4) 가: 시간이 나면 뭐 하고 싶어요?
나: _____.

5) 가: 어머니는 보통 오후에 뭐 하세요?
나: _____.

후 after

3. 대화를 만들어 보세요.
Create a dialogue.

1) 가: 학교에 어떻게 와요?

　　나: 자전거를 타거나 걸어서 와요.

2) 가: 주말에 보통 뭐 해요?

　　나: _____.

3) 가: 휴대폰이 있으면 뭘 할 수 있어요?

　　나: _____.

4) 가: 모르는 단어가 있으면 어떻게 해요?

　　나: _____.

5) 가: 아프면 어떻게 할 거예요?

　　나: _____.

6) 가: 돈이 많이 있으면 뭐 하고 싶어요?

　　나: _____.

3

여행 경험 Travel Experiences

3-1 부산에 가 봤어요?

3-2 1박 2일 동안 전주에 갔다 왔어요

3-1	어휘	여행 ①
	문법과 표현	동-아/어 보다
		동형-(으)니까, 명(이)니까

3-2	어휘	여행 ②, 기간
	문법과 표현	명 동안
		동-고 나서

어휘 Vocabulary

1. 알맞은 것을 연결해 보세요.
Match the picture with the appropriate expression.

1)  • ① 공기가 맑다

2)  • ② 경치가 아름답다

3)  • ③ 숙소가 깨끗하다

4)  • ④ 음식이 다양하다

2. 알맞은 것을 골라서 대화를 완성해 보세요.
Select the appropriate word to complete the dialogue.

| 바닷가 | 전통 시장 | 관광지 | 미술관 | 동물원 |

1) 가: 부산에 가면 뭘 할까요?

   나: 부산은 바다가 정말 아름다워요. 우리 함께 <u>바닷가</u> 에서 산책해요.

2) 가: 주말에 뭐 했어요?

   나: 아이와 같이 _____ 에 갔어요. 아이가 호랑이를 보고 아주 좋아했어요.

3) 가: 내일 뭐 할 거예요?

   나: 친구와 함께 _____ 에 가서 그림을 감상하려고 해요.

호랑이 tiger

4) 가: 에릭 씨 고향에는 외국 사람들이 많아요?

나: 네. 제 고향은 유명한 _____ (이)라서 외국 사람들이 많이 놀러 와요.

5) 가: 제주도에 가면 어디에 가고 싶어요?

나: 저는 여행을 가면 그곳의 기념품 사는 걸 좋아해요. 그래서 _____ 에 가고 싶어요.

3. 그림을 보고 알맞은 것을 골라서 대화를 완성해 보세요.
Look at the picture and select the appropriate expression to complete the dialogue.

| 경치가 아름답다 | 음식이 다양하다 | (공기가 맑다) | 숙소가 깨끗하다 |

1)
가: 왜 산에 가는 것을 좋아해요?
나: 산에 가면 <u>공기가 맑아서</u> 기분이 좋아요.

2)
가: 어떤 곳으로 신혼여행을 가고 싶어요?
나: _____ (으)ㄴ 곳으로 가고 싶어요.

3)
가: 부산 여행이 어땠어요?
나: _____ 아서/어서 정말 좋았어요.

4)
가: 여행 잘 다녀왔어요?
나: 네. 그런데 _____ 아서/어서 조금 힘들었어요.

5)
가: 어떤 곳으로 여행 가고 싶어요?
나: _____.

그곳 there 기념품 souvenir 신혼여행 honeymoon 다녀오다 to go to and from

문법과 표현 1 동-아/어 보다

1. 빈칸에 알맞게 쓰세요.
Fill in the blanks.

	-아/어 보다		-아/어 보다
앉다	앉아 보다	여행하다	
가다		일하다	
읽다		쓰다	
마시다		듣다	

2. 그림을 보고 대화를 완성해 보세요.
Look at the picture and complete the dialogue.

1) 가: 불고기를 먹어 봤어요?
나: 네. 먹어 봤어요 .
    아니요. 아직 안 먹어 봤어요 .

2)
가: 한복을 입어 봤어요?
나: 네. _____.

3) 가: 한강공원에 가 봤어요?
나: 아니요. _____.

4)
가: 태권도를 배워 봤어요?
나: 네. _____.

5)
가: 한국 음식을 만들어 봤어요?
나: 아니요. _____.

3. **대화를 만들어 보세요.**
   Create a dialogue.

   1) 가: 케이티엑스(KTX)를 타 봤어요? 어땠어요?

      나: 네. 타 봤어요. 빠르고 편했어요   .

   2) 가: 혼자 살아 봤어요? 어땠어요?

      나: .

   3) 가: 외국에 가 봤어요? 어느 나라에 가 봤어요?

      나: .

   4) 가: 한국 전통 음악을 들어 봤어요? 어땠어요?

      나: .

   5) 가: 한국에서 뭘 해 봤어요? 어땠어요?

      나: .

4. **특별한 경험이 있어요? 여러분의 경험을 쓰고 친구와 이야기해 보세요.**
   Do you have some special experiences? Write them down and talk with your partner.

	친구 이름:	친구 이름:
저는 제주도에서 낚시해 봤어요.	O	X

   저는 제주도에서 낚시해 봤어요. 여러분도 제주도에서 낚시해 봤어요?

   네. 저도 해 봤어요.

   아니요. 저는 아직 못 해 봤어요. 해 보고 싶어요.

   케이티엑스(KTX) Korea Train eXpress

문법과 표현 2 동형-(으)니까, 명(이)니까

1. 빈칸에 알맞게 쓰세요.
Fill in the blanks.

	-(으)니까		-(으)니까
먹다	먹으니까	작다	
가다		좋다	
쓰다		크다	
공부하다		덥다	
듣다		어렵다	
만들다		멀다	

	이니까		니까
학생	학생이니까	휴가	

2. 알맞은 것을 연결하고 문장을 만들어 보세요.
Match the expressions that go together and create a new sentence.

1) 비가 오다 · · 푹 쉬다
2) 길이 막히다 · · 지하철을 타다
3) 날씨가 춥다 · · 우산을 준비하다
4) 감기에 걸렸다 · · 따뜻한 옷을 입다
5) 여기는 도서관이다 · · 큰 소리로 전화하지 말다

1) 비가 오니까 우산을 준비하세요 .
2) _____ .
3) _____ .
4) _____ .
5) _____ .

우산 umbrella

3. 그림을 보고 대화를 완성해 보세요.
Look at the picture and complete the dialogue.

1)
가: 우리 수업 후에 같이 노래방에 가요.
나: 곧 시험이 <u>있으니까</u> 오늘은 같이 공부해요.

2)
가: 방학에 여행 갈까요?
나: 좋아요. 날씨가 _____ 바닷가에 갑시다.

3)
가: 우리 걸어서 갈까요?
나: 여기서 조금 _____ 버스를 타고 가요.

4)
가: 우리 떡볶이를 먹을까요?
나: 어제도 떡볶이를 _____ 다른 거 먹어요.

5)
가: 토요일이 엥흐 씨의 _____ 같이 파티해요.
나: 좋아요. 같이 준비해요.

4. 친구와 이야기해 보세요.
Talk with your partner.

오늘 저녁에 만날까요?

미안해요. 오늘은 바쁘니까 다음에 만나요.

| 저녁에 만나다 | 김치찌개를 먹다 | 산에 가다 | 쇼핑하다 |

| 바쁘다 | 맵다 | | |

곧 soon   다르다 to be different

어휘 Vocabulary

1. 알맞은 것을 연결해 보세요.
Match the picture with the appropriate expression.

1)  • • ① 짐을 싸다

2)  • • ② 숙소를 예약하다

3)  • • ③ 기차표를 알아보다

4)  • • ④ 여행 계획을 세우다

5)  • • ⑤ 비행기표를 예매하다

2. 알맞은 것을 쓰세요.
Fill in the blank with the appropriate word.

1일	2일	3일	4일	5일
1) 하루	2)	3)	4)	닷새
6일	7일	8일	9일	10일
엿새	이레	여드레	아흐레	5)

3. **알맞은 것을 쓰세요.**
   Fill in the blank with the appropriate word.

   1) <u>삼</u> 개월 후에 고향에 돌아가요. (3개월)

   2) 저는 하루에 _____ 시간쯤 공부해요. (3시간)

   3) _____ 주 전에 한국에 왔어요. (4주)

   4) 동생이 _____ 달 후에 고등학교를 졸업해요. (2달)

   5) 저는 남자 친구와 _____ 년 후에 결혼하고 싶어요. (1년)

   6) 부산에서 _____ 박 _____ 일 여행했어요. (5박 6일)

4. **어디로 여행을 갔어요? 여행 전에 먼저 무슨 준비를 했어요?
   순서대로 숫자를 쓰고 친구와 이야기해 보세요.**
   Where did you travel? What did you prepare before the trip?
   Number the steps in the appropriate order and talk with your partner.

   | 1 | 알아보다 | | 계획을 세우다 | | 예약하다 |

   | | 예매하다 | | 짐을 싸다 |

저는 작년에 베트남에 여행을 갔어요.
먼저 베트남 관광지를 알아봤어요.
그리고 숙소를 ….

고등학교 high school   졸업하다 to graduate   결혼하다 to marry

문법과 표현 3 — 명 동안

1. 문장을 만들어 보세요.
Create a sentence.

1) 2시간 / 영화를 보다 → 두 시간 동안 영화를 봤어요.
2) 2박 3일 / 여행하다 → _____.
3) 1달 / 병원에 있다 → _____.
4) 1년 / 피아노를 배우다 → _____.
5) 방학 / 아르바이트하다 → _____.

2. 그림을 보고 대화를 완성해 보세요.
Look at the picture and complete the dialogue.

1)
가: 얼마 동안 친구를 기다렸어요?
나: 삼십 분 동안 기다렸어요.

2)
가: 매일 몇 시간 동안 운동해요?
나: _____ 운동해요.

3)
가: 며칠 동안 약을 먹어야 돼요?
나: _____ 드세요.

4)
가: 몇 년 동안 그 회사에 다녔어요?
나: _____ 다녔어요.

얼마 how long

5)
가: 얼마 동안 아르바이트를 할 거예요?
나: _____ 아르바이트를 할 거예요.

6)
가: 얼마 동안 가족을 못 만났어요?
나: _____ 못 만났어요.

3. 그림을 보고 친구와 이야기해 보세요.
Look at the picture and talk with your partner.

얼마 동안 한국에서 살 거예요?

오 년 동안 한국에서 살 거예요. 한국 대학교에 다닐 거예요.

며칠 동안 청소를 안 했어요?

일주일 동안 안 했어요. 오늘 오후에 할 거예요.

| 얼마 | 몇 시간 | 며칠 | 몇 주 | 몇 달 | 몇 년 |

일주일 one week

문법과 표현 4 동-고 나서

1. 문장을 만들어 보세요.
Create a sentence.

1) 손을 씻다 / 밥을 먹다 → 손을 씻고 나서 밥을 먹어요.
2) 옷을 입다 / 화장을 하다 → _____.
3) 세수하다 / 이를 닦다 → _____.
4) 숙제를 끝내다 / 자다 → _____.
5) 잘 알아보다 / 예약하다 → _____.

2. 그림을 보고 문장을 만들어 보세요.
Look at the picture and create a sentence.

1) 밥을 먹다 / 이를 닦다 → 밥을 먹고 나서 이를 닦으세요.
2) 숙제하다 / 게임하다 → _____.
3) 준비운동을 하다 / 수영하다 → _____.
4) 운동화를 신어 보다 / 사다 → _____.
5) 생각해 보다 / 전화하다 → _____.

끝내다 to end   준비운동 warm-up exercises   생각하다 to think

3. 그림을 보고 대화를 만들어 보세요.
Look at the picture and create a dialogue.

1)

가: 어제 뭐 했어요?
나: 영화를 보고 나서 밥을 먹었어요.

2)

가: 주말에 뭐 했어요?
나: _____.

3)

가: 아침에 일어나서 뭐 해요?
나: _____.

4)

가: 생일에 뭐 하려고 해요?
나: _____.

5)

가: 오늘 뭐 할 거예요?
나: _____.

4. 그림을 보고 친구와 이야기해 보세요.
Look at the picture and talk with your partner.

언제 여행 갈 거예요?

돈을 더 모으고 나서 갈 거예요.

복습 1

어휘 Vocabulary

✏️ 아는 단어에 ✔ 하세요.

1단원

성명 ☐	연락처 ☐	입학하다 ☐
국적 ☐	이메일 ☐	취직하다 ☐
생년월일 ☐	목적 ☐	사업하다 ☐
성별 ☐	취미 ☐	

동쪽 ☐	강 ☐	아주 ☐
서쪽 ☐	호수 ☐	별로 ☐
남쪽 ☐	도시 ☐	전혀 ☐
북쪽 ☐	시골 ☐	
	섬 ☐	

2단원

독서 ☐	낚시 ☐	인형을 모으다 ☐
외국어 공부 ☐	조깅 ☐	인터넷 쇼핑을 하다 ☐
영화 감상 ☐	스쿠버 다이빙 ☐	동영상을 만들다 ☐
음악 감상 ☐	웹툰을 보다 ☐	에스엔에스(SNS)를 하다 ☐

동호회 ☐	가입하다 ☐	매일 ☐
회원 ☐	모임을 하다 ☐	매주 ☐
모집하다 ☐	회비를 내다 ☐	매달 ☐
신청하다 ☐		매년 ☐

3단원

바닷가 ☐	미술관 ☐	경치가 아름답다 ☐
전통 시장 ☐	동물원 ☐	음식이 다양하다 ☐
관광지 ☐	전통문화 ☐	공기가 맑다 ☐
		숙소가 깨끗하다 ☐

알아보다 ☐	하루 ☐	박 ☐
계획을 세우다 ☐	이틀 ☐	시간 ☐
예매하다 ☐	사흘 ☐	달 ☐
예약하다 ☐	나흘 ☐	주/주일 ☐
짐을 싸다 ☐	열흘 ☐	개월 ☐
		년 ☐

[1~2] 밑줄 친 것과 의미가 같은 것을 고르세요.

1.
   가: 취미가 뭐예요?
   나: 저는 책 읽는 것을 좋아해요.

   ① 독서　　② 낚시　　③ 영화 감상　　④ 외국어 공부

2.
   가: 나나 씨, 기타 치는 거 좋아해요?
   나: 네. 그래서 기타 동호회에도 가입했어요.

   ① 모았어요　　② 들어갔어요　　③ 알아봤어요　　④ 포함했어요

[3~4] 밑줄 친 것과 의미가 반대되는 것을 고르세요.

3.
   가: 저는 도시에서 살고 싶어요.
   나: 그래요? 저는 공기가 맑은 (　　)에서 살고 싶어요.

   ① 고향　　② 나라　　③ 시골　　④ 호수

4.
   가: 동호회 회비를 어디에 내야 돼요?
   나: 제가 지금 (　　) 있어요. 저한테 주세요.

   ① 받고　　② 예약하고　　③ 가입하고　　④ 모집하고

[5~7] (　) 에 들어갈 가장 알맞은 것을 고르세요.

5.
   가: (　　)이/가 어떻게 되세요?
   나: 저는 일본 사람입니다.

   ① 국적　　② 성함　　③ 성별　　④ 연락처

6.
   가: 한국어를 얼마 동안 공부했어요?
   나: 네 (　　) 동안 공부했어요.

   ① 개월　　② 달　　③ 년　　④ 주일

7.
   가: 주말에 뭐 했어요?
   나: 저는 그림 감상을 좋아해서 (　　)에 갔다 왔어요.

   ① 동물원　　② 미술관　　③ 바닷가　　④ 관광지

복습 1　55

문법과 표현
Grammar & Expression

1단원

명(이)라고 하다	안녕하세요? 저는 **엥흐라고 합니다**.
동-(으)려고	한국어를 **배우려고** 한국에 왔어요.
명인데	여기는 **제주도인데** 아름답고 큰 섬이에요.
동형-지 않다	우리 집은 **크지 않지만** 편하고 좋아요.

2단원

동-는 것	저는 그림 **그리는 것**을 좋아해요.
동-(으)ㄹ 줄 알다/모르다	**수영할 줄 알아요?**
명(이)나 1	**도서관이나** 카페에서 숙제를 해요.
동-거나	주말에 집에서 **쉬거나** 친구를 만나요.

3단원

동-아/어 보다	지난 방학에 부산에 **가 봤어요**.
동형-(으)니까 명(이)니까	날씨가 **좋으니까** 공원에서 산책할까요? 여기는 **도서관이니까** 조용히 하세요.
명 동안	저는 **일 년 동안** 한국에 살 거예요.
동-고 나서	**운동하고 나서** 샤워했어요.

복습 1

[1~2] ( )에 들어갈 가장 알맞은 것을 고르세요.

1. 가: 왜 한국에 왔어요?
   나: ( ) 왔어요.

   ① 여행하지만   ② 여행하려고   ③ 여행하니까   ④ 여행하고 나서

2. 가: 시간이 나면 뭐 해요?
   나: 피아노를 ( ) 책을 읽어요.

   ① 쳐서   ② 치러   ③ 치거나   ④ 쳤지만

[3~6] 밑줄 친 부분을 맞게 고쳐 보세요.

3. 저는 수영할 줄 못해요. ➡ _____
4. 날씨가 좋아서 산에 갈까요? ➡ _____
5. 저는 인형 모으는 게 좋아해요. ➡ _____
6. 저녁에 먹으러 김밥을 만들었어요. ➡ _____

[7~10] 알맞은 것을 골라 대화를 만들어 보세요.

> 인데   -는 것   (이)나   -거나   -(으)ㄹ 줄 알다/모르다

7. 가: 취미가 뭐예요?
   나: _____.

8. 가: 주말에 보통 뭐 해요?
   나: _____.

9. 가: 운전할 수 있어요?
   나: _____.

10. 가: 여기가 어디예요?
    나: _____.

듣기 Listening

[1~2] 다음 대화를 듣고 알맞은 그림을 고르세요.

1. ①    ②

   ③    ④

2. ①    ②

   ③    ④

[3~6] 다음을 듣고 이어지는 말을 고르세요.

3. ① 네. 제 취미가 요리하는 거예요. ② 아니요. 맛있으니까 먹어 보세요.
   ③ 네. 저는 요리를 전혀 할 줄 몰라요. ④ 저는 요리하고 나서 카페에 갈 거예요.

4. ① 이건 생선회인데 아주 맛있어요. ② 안 먹어 봤으면 한번 먹어 보세요.
   ③ 네. 생선회를 한번 먹어 보고 싶어요. ④ 아니요. 친구가 안 좋아해서 못 먹었어요.

5. ① 일본에도 한번 와 보세요. ② 저는 한국어를 할 줄 압니다.
   ③ 저는 드라마 보는 것을 좋아합니다. ④ 한국에 사는 가족을 만나려고 왔습니다.

6. ① 에릭 씨는 축구를 할 줄 알아요? ② 저는 집에서 쉬거나 시장에 가요.
   ③ 저는 친구를 만나려고 식당에 갔어요. ④ 에릭 씨는 축구하는 것을 정말 좋아하네요.

[7~8] 다음은 무엇에 대해 말하고 있습니까? 알맞은 것을 고르세요.

7. ① 취미 ② 국적 ③ 직업 ④ 공부 목적

8. ① 여행 기간 ② 여행 경험 ③ 여행 계획 ④ 여행 상품

[9~11] 다음을 듣고 들은 내용과 같은 것을 고르세요.

9. ① 남자는 고향에 가려고 합니다. ② 남자는 여자에게 한복을 선물했습니다.
   ③ 여자는 고향 친구한테 선물을 줄 것입니다. ④ 여자는 한국의 전통 옷을 입어 보지 않았습니다.

10. ① 여자는 여행사에서 일합니다. ② 여자는 기차표를 예매해야 합니다.
    ③ 여자는 강릉에 여행을 다녀왔습니다. ④ 여자는 여행 상품을 예약하려고 합니다.

11. ① 여자는 남자의 고향에 가 봤습니다. ② 여자는 스쿠버 다이빙을 할 줄 모릅니다.
    ③ 남자의 고향은 바다가 아름다운 섬입니다. ④ 남자의 고향은 12월부터 1월까지 날씨가 춥습니다.

[12~13] 다음을 듣고 물음에 답하세요.

12. 남자는 무엇을 할 것입니까?
    ① 기타를 살 것입니다. ② 공연을 할 것입니다.
    ③ 회비를 받을 것입니다. ④ 동호회에 가입할 것입니다.

13. 들은 내용과 같은 것을 고르세요.
    ① 회원들은 주말에 모임을 합니다. ② 남자는 기타를 배우고 싶어 합니다.
    ③ 여자는 가입 신청서를 쓸 것입니다. ④ 연습실 사용 요금은 하루에 3만 원입니다.

[14~15] 다음을 듣고 물음에 답하세요.

14. 여자가 물어보지 않은 것은 무엇입니까?
    ① 이름   ② 연락처   ③ 생년월일   ④ 아르바이트 경험

15. 들은 내용과 같은 것을 고르세요.
    ① 남자는 사 개월 전에 한국에 왔습니다.
    ② 남자는 한국에서 아르바이트를 해 봤습니다.
    ③ 남자는 주말에 아르바이트를 하지 못합니다.
    ④ 남자는 대학원 공부를 하려고 카페에 왔습니다.

혹시 by any chance 그때 at that time 잘되다 to turn out well 공연 performance 궁금하다 to be curious
연습실 practice room 사용 usage

읽기 Reading

복습 1

[1~3] 다음을 읽고 맞지 <u>않는</u> 것을 고르세요.

1.

1000년의 역사 여행	전통과 역사의 도시 경주

상품 가격	299,000원 (식비 포함)
여행 기간	1박 2일
교통편	버스
숙소	경주호텔
출발 요일	매주 화요일, 토요일

① 이틀 동안 여행하는 상품입니다.
② 경주에 가면 한국의 역사를 알 수 있습니다.
③ 여행하면서 식사를 하면 돈을 더 내야 합니다.
④ 매주 화요일이나 토요일에 출발할 수 있습니다.

2.

동호회 모임 안내

캠핑사랑

'캠핑사랑'에서 2박 3일 동안 캠핑을 가려고 합니다.
복잡한 도시를 떠나서 아름다운 경치를 보면서
즐거운 시간을 같이 보내요.

- 기간: 8월 3일 ~ 8월 5일
- 장소: 강원도 설악산 캠핑장
- 회비: 10만 원
- 신청: 전화 02-880-5488

① 이번 모임은 사흘 동안 할 것입니다.
② 이번 모임에 가고 싶으면 전화를 해야 합니다.
③ 이번 모임에서는 함께 캠핑을 하러 갈 것입니다.
④ 이번 모임에서는 도시의 아름다운 경치를 볼 것입니다.

교통편 transportation

3.

정우: 유진 씨, 오늘 저녁에 바쁘세요?

유진: 아니요. 안 바빠요. 왜요?

정우: 제가 일이 있어서 유진 씨 회사 근처에 왔어요. 일 끝나고 나서 같이 저녁 먹을까요?

유진: 좋아요. 한 시간 후에 일이 끝나니까 회사 1층 카페에서 봐요.

① 유진은 지금 회사에 있습니다.
② 두 사람은 퇴근하고 나서 만나려고 합니다.
③ 두 사람은 함께 저녁 식사를 할 것입니다.
④ 정우는 유진을 만나려고 카페에 왔습니다.

[4~5] 다음을 읽고 순서가 알맞은 것을 고르세요.

4.
민우 씨,
(가) 맛있게 드세요.
(나) 그래서 고향에서 사 왔어요.
(다) 이 과자는 한국에서는 팔지 않아요.
(라) 이건 우리 고향 과자인데 한번 먹어 보세요.
　　　　　　　　　　　　　　　　　- 아야나

① (다) - (나) - (가) - (라)　　② (다) - (나) - (라) - (가)
③ (라) - (다) - (가) - (나)　　④ (라) - (다) - (나) - (가)

5.
(가) 제 취미는 악기를 연주하는 것입니다.
(나) 빨리 기타를 배워서 연주하고 싶습니다.
(다) 그래서 기타 동호회에 가입하려고 합니다.
(라) 연주할 줄 아는 악기가 많지만 기타는 칠 줄 모릅니다.

① (가) - (다) - (나) - (라)　　② (가) - (라) - (다) - (나)
③ (나) - (가) - (라) - (다)　　④ (라) - (다) - (가) - (나)

과자 cracker(s)　　악기 instrument　　연주하다 to play (an instrument)

[6~7] 다음을 읽고 중심 생각을 고르세요.

6.
> 저는 대학에서 역사를 공부하고 있는 이정우라고 합니다. 저는 이번 여름에 한 달 동안 중국을 여행하려고 합니다. 그런데 중국어를 전혀 할 줄 몰라서 걱정입니다. 중국어를 가르쳐 주실 수 있는 분을 찾습니다.

① 저는 중국어를 잘 못합니다.
② 저는 여행하는 것을 좋아합니다.
③ 저는 역사를 공부하고 있습니다.
④ 저는 중국어 선생님을 찾고 있습니다.

7.
> 저는 한국에 와서 매일 저녁 태권도를 배우고 있습니다. 저는 태권도를 배우면서 한국 친구들을 많이 사귀었습니다. 그리고 태권도 수업은 한국어로 하니까 한국어 연습도 할 수 있어서 좋습니다. 태권도를 잘 배워서 친구에게도 알려 주고 싶습니다.

① 저는 태권도를 할 줄 압니다.
② 저는 한국 친구가 많이 있습니다.
③ 태권도 수업은 좋은 점이 많습니다.
④ 태권도를 배우면 한국어 연습을 할 수 있습니다.

[8~9] 다음을 읽고 ( )에 들어갈 알맞은 말을 고르세요.

8.
> 저는 등산하는 것을 좋아합니다. 그런데 (   )을 별로 좋아하지 않습니다. 그래서 고향에서는 자주 친구들과 등산을 했습니다. 한국에 오고 나서는 같이 등산할 수 있는 친구가 없었습니다. 그래서 등산 동호회에 가입했습니다. 동호회 회원들하고 등산하는 것이 재미있습니다.

① 친구와 만나는 것
② 혼자 등산하는 것
③ 동호회에 가입하는 것
④ 한국에서 등산하는 것

9.
> 제 고향은 중국의 상하이인데 중국의 남쪽에 있는 아주 큰 도시입니다. 상하이에는 크고 넓은 강이 있습니다. 그리고 그 강 옆에는 상하이의 역사를 느낄 수 있는 아름다운 건물들이 많이 있습니다. (   ) 꼭 밤에 배를 타고 멋있는 경치를 감상해 보세요.

① 아주 큰 도시니까
② 남쪽은 따뜻하니까
③ 역사를 느낄 수 있으니까
④ 밤에 보면 더 아름다우니까

 점 point/aspect   상하이 Shanghai   느끼다 to feel

[10~11] 다음을 읽고 물음에 답하세요.

> 제 친구가 지난주 토요일에 한국에 여행을 왔습니다. 친구는 한국 드라마를 좋아해서 한국 문화를 잘 압니다. 친구는 드라마에 나오는 한국 음식을 먹어 보고 유명한 관광지에도 가 보고 싶어 했습니다. (㉠) 우리는 먼저 비빔밥을 먹으러 갔습니다. (㉡) 친구는 매운 음식을 잘 못 먹지만 비빔밥은 별로 맵지 않아서 좋아했습니다. (㉢) 우리는 거기에서 벽에 이름을 썼습니다. (㉣) 친구와 제 이름이 앞으로 1년 동안 N서울타워에 있을 것입니다.

10. 다음 문장이 들어갈 곳을 고르세요.

> 밥을 먹고 나서 N서울타워에 갔습니다.

① ㉠   ② ㉡   ③ ㉢   ④ ㉣

11. 이 글의 내용과 같은 것을 고르세요.

① 이 사람은 친구와 한국에 여행 왔습니다.
② 이 사람의 친구는 매운 음식을 좋아합니다.
③ 이 사람과 친구는 1년 동안 서울에 살 것입니다.
④ 이 사람과 친구는 N서울타워의 벽에 이름을 썼습니다.

[12~13] 다음을 읽고 물음에 답하세요.

> 안녕하세요. 저는 닛쿤이라고 합니다. 저는 태국 사람인데 오 개월 전에 한국에 왔습니다. 저는 춤추면서 노래하는 것을 좋아합니다. 그리고 저는 한국어, 중국어, 영어 등 여러 나라 말로 노래를 잘 부릅니다. 특히 한국 노래와 문화를 좋아해서 한국에서 가수가 되려고 한국에 왔습니다. 저는 요즘 한국어 수업이 끝나고 매일 춤과 노래를 배우고 있습니다. 빨리 가수가 돼서 여러분을 만나고 싶습니다.

  벽 wall   등 et cetera

12. 닛쿤이 한국에 온 이유는 무엇입니까?

① 가수가 되려고
② 친구를 만나려고
③ 태국 노래를 부르려고
④ 영어와 중국어를 배우려고

13. 이 글의 내용과 같은 것을 고르세요.

① 닛쿤은 태국에서 가수였습니다.
② 닛쿤은 여러 나라 춤을 잘 춥니다.
③ 닛쿤은 다섯 달 동안 한국에 살았습니다.
④ 닛쿤의 취미는 외국어를 공부하는 것입니다.

[14~15] 다음을 읽고 물음에 답하세요.

> 제 취미는 (㉠)입니다. 저는 여름 방학에 전주와 제주도에 가 봤습니다. 그리고 지난 주말에는 1박 2일 동안 강릉에 갔다 왔습니다. 강릉은 한국의 동쪽에 있는 도시인데 산도 있고 바다도 있는 곳입니다. 도착하고 나서 먼저 등산을 하고 싶었지만 눈이 와서 등산은 하지 않고 바닷가에서 산책을 했습니다. 강릉 바다는 맑고 깨끗해서 정말 아름다웠습니다. 오후에는 전통 시장에 가 봤습니다. 음식이 정말 싸고 다양했습니다. 거기에서 두부 요리와 생선회를 먹어 봤습니다. 시간이 있으면 강릉에 또 가고 싶습니다.

14. ㉠에 들어갈 알맞은 말을 고르세요.

① 여행하는 것
② 바다에 가는 것
③ 다양한 음식을 먹는 것
④ 전통 시장을 구경하는 것

15. 이 글의 내용과 같은 것을 고르세요.

① 이 사람은 바닷가에서 생선회를 먹었습니다.
② 이 사람은 하루 동안 강릉 여행을 했습니다.
③ 눈이 와서 산의 경치가 아주 아름다웠습니다.
④ 이 사람은 바닷가를 산책하고 나서 전통 시장에 갔습니다.

  지난 last 두부 tofu

쓰기 Writing

✏️ **질문을 잘 읽고 200~300자로 글을 쓰세요.**

> 여러분의 취미는 무엇입니까? 어디에서 무엇을 해 봤습니까? 어땠습니까?

💡 글을 다 썼어요?
다시 한번 읽어 보세요.

말하기 Speaking

1. 문법을 사용해서 친구와 이야기해 보세요.

명(이)라고 하다
1) 성함이 어떻게 되세요?
2) '안녕하세요?'를 (영어, 중국어, 스페인어…)로 뭐라고 해요?

동-(으)려고
3) 한국어를 공부하는 목적이 무엇입니까?
4) 왜 이메일을 썼어요?

명인데
5) 직업이 어떻게 되세요?
6) _____ 씨의 고향은 어떤 곳이에요?

동형-지 않다
7) 주말 계획을 세웠어요?
8) 수업 끝나고 집에 갈 거예요?

동-는 것
9) 취미가 뭐예요?
10) 배우고 싶은 것이 있어요?

동-(으)ㄹ 줄 알다/모르다
11) 동영상을 만들 수 있어요?
12) 인터넷 쇼핑을 할 수 있어요?

명(이)나 1
13) 어떤 곳에 여행 가고 싶어요?
14) 무슨 외국어를 배워 보고 싶어요?

동-거나
15) 시간이 나면 뭐 해요?
16) 숙제하고 나서 뭐 할 거예요?

동-아/어 보다
17) 유명한 관광지에 가 봤어요?
   거기에서 뭐 했어요?
18) 전통 시장에 가 봤어요?
   거기에서 뭐 했어요?

동형-(으)니까, 명(이)니까
19) 점심에 김치찌개나 비빔밥을 먹을까요?
20) 우리 내일 뭐 할까요?

명 동안
21) 어디를 여행했어요?
   며칠 동안 여행했어요?
22) 어제 얼마 동안 한국어 공부를 했어요?

동-고 나서
23) 언제 잘 거예요?
24) 호텔을 먼저 예약할 거예요, 비행기표를 먼저 예매할 거예요?

2. 그림을 보고 이야기를 만들어 보세요.

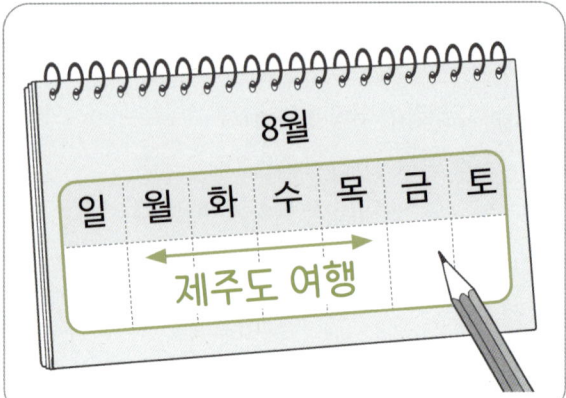

- ☐ 명(이)라고 하다
- ☐ 동-(으)려고
- ☐ 명인데
- ☐ 동형-지 않다
- ☐ 동-는 것
- ☐ 동-(으)ㄹ 줄 알다/모르다
- ☐ 명(이)나 1
- ☐ 동-거나
- ☐ 동-아/어 보다
- ☐ 동형-(으)니까, 명(이)니까
- ☐ 명 동안
- ☐ 동-고 나서

발음 Pronunciation

1단원

받침소리 [ㄱ]은 'ㄴ, ㅁ' 앞에서 [ㅇ]으로 발음합니다. 단어와 단어를 이어서 발음할 때에도 [ㅇ]으로 발음합니다.

한옥 마을에 가 보고 싶어요.
[하농마을]

저는 **한국 노래**를 자주 들어요.
　　　　[한궁노래]

🎧 잘 듣고 따라 해 보세요.

① 저는 매운 **음식 먹는** 걸 좋아해요.

② 친구는 아침 **일찍 나갔어요**.

2단원

어미 '-(으)ㄹ' 뒤에 오는 'ㅈ'은 [ㅉ]로 발음합니다.

운전할 줄 아세요?
[운전할쭐]

한글을 **읽을 줄** 몰라요.
　　　[일글쭐]

🎧 잘 듣고 따라 해 보세요.

① 저는 동영상을 **만들 줄** 알아요.

② 저는 피아노를 **칠 줄** 알지만 잘 못 쳐요.

3단원

받침소리 [ㄱ, ㄷ, ㅂ] 뒤에 연결되는 'ㄱ, ㄷ, ㅂ, ㅅ, ㅈ'은 [ㄲ, ㄸ, ㅃ, ㅆ, ㅉ]로 발음합니다.

낚시를 해 봤어요.
[낙씨]

한복도 입고 갈비도 먹었어요.
[한복또] [입꼬]

🎧 잘 듣고 따라 해 보세요.

① 음악을 **듣거나** 영화를 봐요.

② 점심을 **먹고** 나서 집에 갔어요.

🎧 잘 듣고 따라 해 보세요.

① 가: 시간이 나면 뭐 해요?
　 나: 한국 노래를 듣거나 책을 읽어요.

② 가: 떡볶이 만들 줄 알아요?
　 나: 네. 만들 줄 알아요.

4

쇼핑 Shopping

4-1 이거보다 더 긴 거 있어요?

4-2 지난주에 산 운동화를 교환하고 싶습니다

4-1	어휘	쇼핑 ①
	문법과 표현	동-는 것 같다, 형-(으)ㄴ 것 같다, 명인 것 같다 명보다
4-2	어휘	쇼핑 ②
	문법과 표현	동-(으)ㄴ 명 명(으)로

어휘 Vocabulary

1. 알맞은 것을 연결해 보세요.
Match the pictures with the appropriate word.

1) 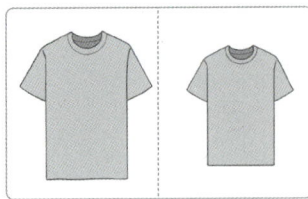 • ① 굽

2)  • ② 색깔

3)  • ③ 길이

4) 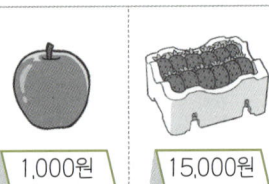 • ④ 가격

5)  • ⑤ 사이즈

2. 그림을 보고 문장을 완성해 보세요.
Look at the picture and complete the sentence.

1) 사이즈가 __커요__ .   2) 굽이 _____ .   3) 색깔이 _____ .   4) 길이가 _____ .

3. 그림을 보고 알맞은 것을 골라서 대화를 완성해 보세요.
Look at the picture and select the appropriate expression to complete the dialogue.

> 비싸다   밝다   짧다   화려하다   맞다   (마음에 들다)   어울리다

1) 가: 원피스가 어떠세요?
   나: 마음에 들어요.

2) 가: 디자인이 어떠세요?
   나: 너무 _____. 단순한 것도 있어요?

3) 가: 사이즈가 어떠세요?
   나: 잘 _____. 이거로 주세요.

4) 가: 색깔이 마음에 드세요?
   나: 너무 _____. 어두운색 있어요?

5) 가: 어제 이 모자를 샀어요. 어때요?
   나: 나나 씨한테 잘 _____.

6) 가: 길이가 잘 맞으세요?
   나: 아니요. 조금 _____. 더 긴 거로 보여 주세요.

7) 가: 어떤 시계가 마음에 드세요?
   나: 이 시계가 마음에 들지만 좀 _____.

4-1. 이거보다 더 긴 거 있어요? 73

문법과 표현 1 : 동-는 것 같다, 형-(으)ㄴ 것 같다, 명인 것 같다

1. 빈칸에 알맞게 쓰세요.
Fill in the blanks.

-는 것 같다		-(으)ㄴ 것 같다	
먹다	먹는 것 같다	작다	
읽다		크다	
자다		어둡다	
마시다		길다	
살다		맛있다	
만들다		재미없다	

인 것 같다		인 것 같다	
학생	학생인 것 같다	기자	

2. 그림을 보고 문장을 완성해 보세요.
Look at the picture and complete the sentence.

1)
기분이 　좋은 것 같아요　.

2)
옷이 _____.

3)
일이 _____.

4)
가방이 _____.

5)
영화가 _____.

3. 뭐 하는 것 같아요? 그림을 보고 문장을 만들어 보세요.
What do you think is happening? Look at the picture and create a sentence.

1)  사진을 찍는 것 같아요 .

2)  _____ .

3)  _____ .

4)  _____ .

5)  _____ .

6)  _____ .

4. 대화를 완성해 보세요.
Complete the dialogue.

1) 가: 나나 씨가 전화를 안 받네요.
   나: 지금 <u>자는 것 같아요</u> . 메시지를 보내 보세요. (자다)

2) 가: 손님, 이 구두가 어떠세요?
   나: 음, 굽이 좀 _____ . 낮은 거로 보여 주세요. (높다)

3) 가: 우리 백화점에 어떻게 갈까요?
   나: 걸어가요. 여기에서 _____ . (멀지 않다)

4) 가: 저 사람은 누구예요?
   나: 우리 학교 _____ . 학교에서 자주 봤어요. (학생이다)

5) 가: 이거 유진 씨 커피예요?
   나: 유진 씨 _____ . 유진 씨는 커피를 안 마셔요. (커피가 아니다)

6) 가: 우리 반 친구들은 뭘 좋아하는 것 같아요?
   나: _____ .

문법과 표현 2 명보다

1. 문장을 만들어 보세요.
Create a sentence.

1) 오렌지, 귤, 크다 — 오렌지가 귤보다 커요.
2) 겨울, 가을, 춥다 — _____.
3) 운동화, 구두, 편하다 — _____.
4) 스웨터, 티셔츠, 따뜻하다 — _____.

2. 그림을 보고 문장을 완성해 보세요.
Look at the picture and complete the sentence.

1) 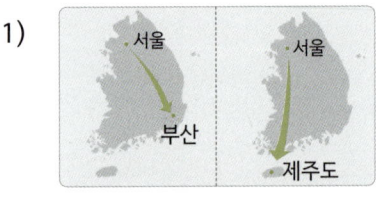 제주도가 부산보다 멀어요.

2) 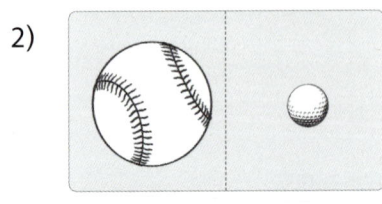 _____ 커요.

3)  _____ 비싸요.

4)  _____ 높아요.

5)  _____ 어려요.

귤 tangerine   스웨터 sweater   어리다 to be young

3. 그림을 보고 대화를 만들어 보세요.
Look at the picture and create a dialogue.

1) 가: 무슨 음식을 더 좋아해요?
   나: 피자보다 치킨을 훨씬 더 좋아해요.

2) 가: 어느 계절을 더 좋아해요?
   나: _____.

3) 가: 어떤 영화를 더 보고 싶어요?
   나: _____.

4) 가: 무슨 운동을 더 잘해요?
   나: _____.

5) 가: 뭐가 더 재미있어요?
   나: _____.

4. 친구와 이야기해 보세요.
Talk with your partner.

산을 좋아해요, 바다를 좋아해요?

저는 바다보다 산을 더 좋아해요.

산 | 바다 | 고기 | 채소
고양이 | 강아지

훨씬 much (more)   더 more   채소 vegetable(s)

어휘 Vocabulary

1. 알맞은 것을 연결해 보세요.
Match the picture with the appropriate word.

1)  2)  3)  4)  5)  6)

① 구매   ② 할인   ③ 교환   ④ 환불   ⑤ 배송비   ⑥ 장바구니

2. 알맞은 것을 골라서 대화를 완성해 보세요.
Select the appropriate word to complete the dialogue.

> 구매하다   주문하다   교환하다   환불하다

1) 가: 이 옷을 바꾸려고 왔어요.
   나: 언제 ___구매하셨어요___ ? 영수증 있으세요?

2) 가: 어제 이 티셔츠를 샀어요. 그런데 저한테 좀 커요.
   나: 그럼 다시 가게에 가서 사이즈를 _____ (으)세요.

3) 가: 서울홈쇼핑입니다. 무엇을 도와드릴까요?
   나: 지금 텔레비전에 나오는 옷을 _____ (으)려고 전화했어요.

4) 가: 이 구두가 불편해서 사이즈를 바꾸고 싶어요.
   나: 죄송합니다, 손님. 이 구두는 다른 사이즈가 없어요.
   가: 그럼 _____ 아/어 주세요.

영수증 receipt   홈쇼핑 home shopping

3. 그림을 보고 친구와 이야기해 보세요.
Look at the picture and talk with your partner.

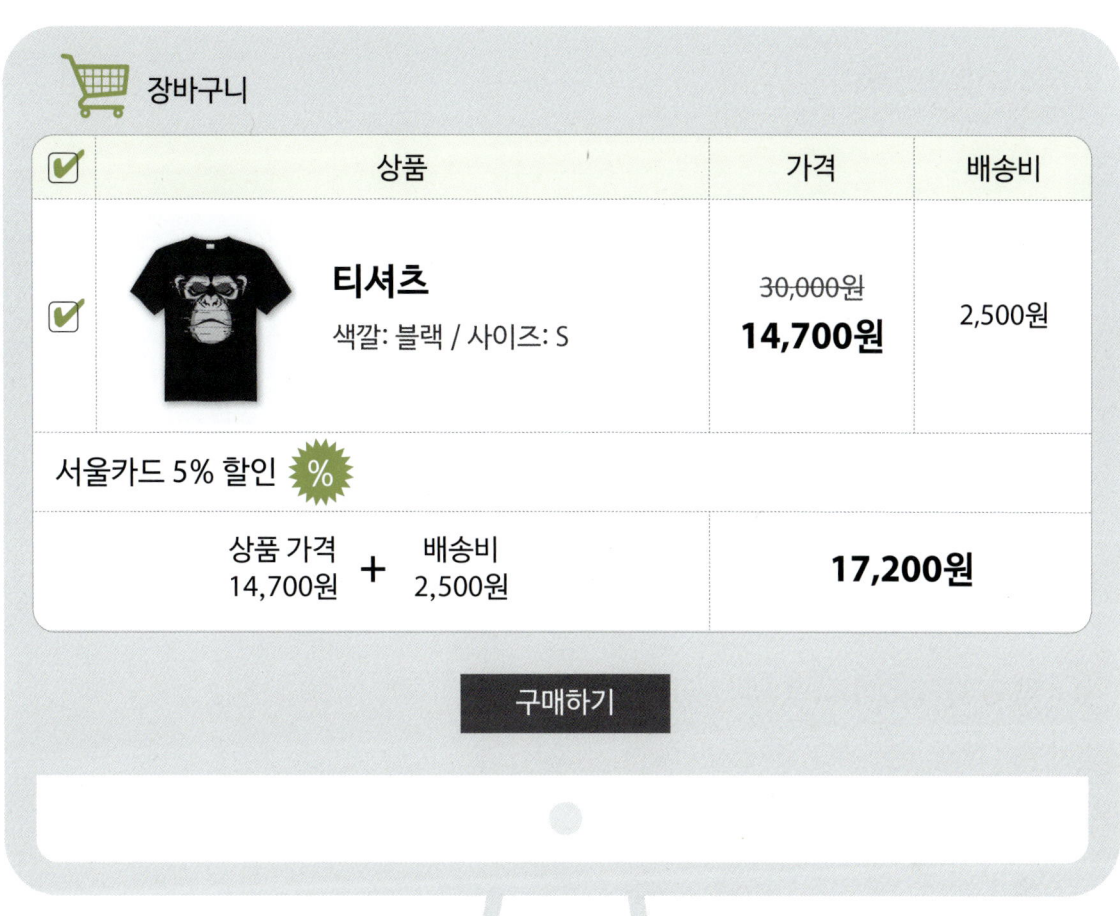

무엇을 사려고 해요? 상품 가격이 얼마예요?

배송비가 어떻게 돼요? 어떤 사이즈를 살 거예요?

어떻게 하면 할인을 받을 수 있어요?

문법과 표현 3 동-(으)ㄴ 명

1. 빈칸에 알맞게 쓰세요.
Fill in the blanks.

	-(으)ㄴ		-(으)ㄴ
먹다	먹은	운동하다	
읽다		돕다	
가다		듣다	
쓰다		만들다	

2. 문장을 만들어 보세요.
Create a sentence.

1) 어제 책을 읽었어요. 그 책이 재미있었어요.
   ➡ 어제 읽은 책이 재미있었어요.

2) 어제 영화를 봤어요. 그 영화가 슬펐어요.
   ➡ _____.

3) 어제 원피스를 주문했어요. 그 원피스가 아주 예뻐요.
   ➡ _____.

4) 안나 씨와 노래를 들었어요. 그 노래가 계속 생각나요.
   ➡ _____.

5) 주말에 케이크를 만들었어요. 그 케이크를 친구에게 선물했어요.
   ➡ _____.

생각나다 to come to mind

3. 그림을 보고 대화를 완성해 보세요.
Look at the picture and complete the dialogue.

1) 가: 지난 생일에 <u>받은</u> 선물이 뭐예요?
   나: 인형이에요.

2) 가: 우리가 어제 _____ 음식 이름이 뭐예요?
   나: 삼계탕이에요.

3) 가: 어제 _____ 사람이 누구예요?
   나: 아야나 씨예요.

4) 가: 어제 늦게 _____ 사람이 누구예요?
   나: 다니엘 씨예요.

5) 가: 지난 방학에 _____ 곳이 어디예요?
   나: 제주도예요.

4. 친구와 이야기하고 문장을 만들어 보세요.
Talk with your partner and create a sentence.

	친구 이름:
1) 오늘 아침에 뭘 먹었어요?	샌드위치
2) 오늘 아침에 뭘 마셨어요?	
3) 어제 누구를 만났어요?	
4) 어제 수업 끝나고 어디에 갔어요?	

오늘 아침에 뭘 먹었어요?

저는 샌드위치를 먹었어요.

1) 하이 씨가 아침에 먹은 것은 샌드위치입니다.　2) _____.

3) _____.　4) _____.

문법과 표현 4 명(으)로

1. 알맞은 것을 고르세요.
Circle the appropriate one to complete the sentence.

1) 볼펜(**으로** / 로) 그림을 그려요.

2) 젓가락 (으로 / 로) 라면을 먹어요.

3) 카드 (으로 / 로) 옷을 사요.

4) 전화 (으로 / 로) 호텔을 예약해요.

5) 지하철 (으로 / 로) 학교에 가요.

2. 그림을 보고 문장을 완성해 보세요.
Look at the picture and complete the sentence.

1)  휴대폰으로 드라마를 봤어요.

2) 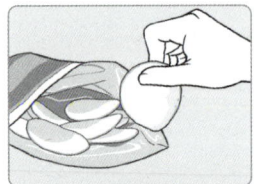 과자를 _____ 먹어요.

3)  학교에 _____ 다닐 거예요.

4)  백화점에서 _____ 계산했어요.

5)  _____ 그림을 그렸어요.

젓가락 chopstick(s)　　카드 card　　계산하다 to pay

3. **대화를 만들어 보세요.**
   Create a dialogue.

   1) 가: 학교에 어떻게 가요?
      나: 버스로 가요   .

   2) 가: 부모님께 어떻게 연락해요?
      나: .

   3) 가: 음악을 어떻게 들어요?
      나: .

   4) 가: 친구한테 어느 나라 말로 이야기해요?
      나: .

   5) 가: 고향에서는 어떻게 음식을 먹어요?
      나: .

4. **다음 물건들로 뭐 할 수 있어요? 친구와 이야기해 보세요.**
   What can you do with the following items? Talk with your partner.

천 원으로 뭐 할 수 있어요?

천 원으로 컵라면을 살 수 있어요.

컵라면 instant cup noodles

5

우체국과 은행 Post Offices & Banks

5-1 소포를 보내려고 왔는데요

5-2 비밀번호를 눌러 주세요

5-1	어휘	우체국
	문법과 표현	동-는데요, 형-(으)ㄴ데요, 명인데요
		동형-(으)ㄹ 거예요

5-2	어휘	은행
	문법과 표현	'르' 불규칙
		동-(으)면 되다

어휘 Vocabulary

1. 그림을 보고 알맞은 것을 골라서 쓰세요.
Look at the picture and select the appropriate word to fill in the blank.

| 우표 엽서 봉투 상자 우편번호 |

1)
2)
3)
4)
5)

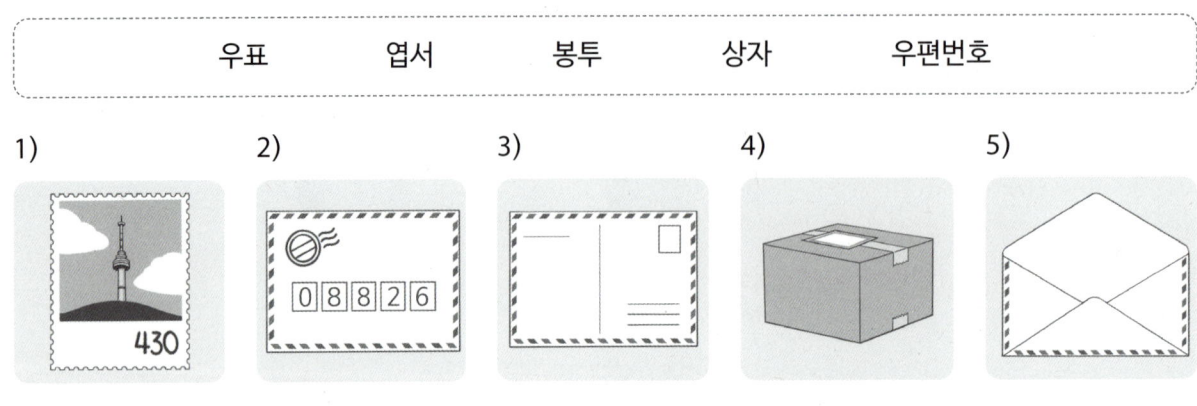

2. 알맞은 것을 연결하고 문장을 완성해 보세요.
Match the words that go together and complete the sentence.

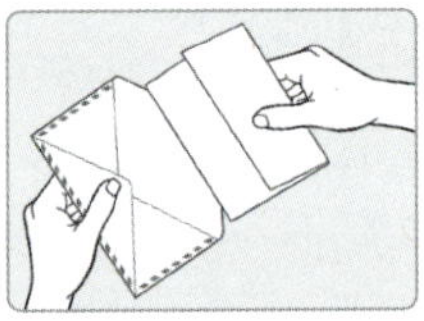

1) 봉투에 •   • ① 쓰다

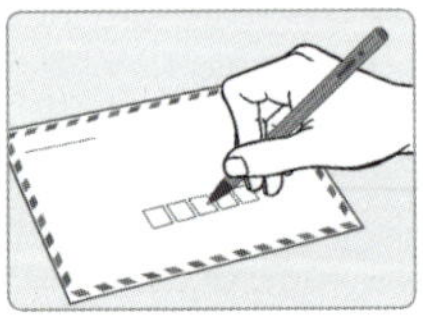

2) 우편번호를 •   • ② 넣다

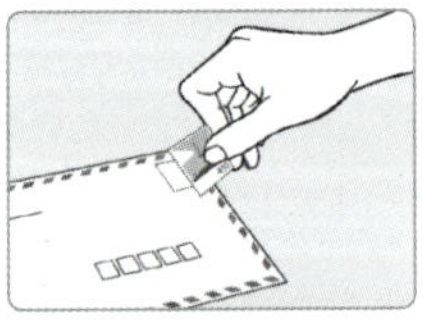

3) 우표를 •   • ③ 부치다

4) 편지를 •   • ④ 붙이다

친구에게 편지를 써요.

→ 1) 편지를 봉투에 넣어요. → 2) 봉투에 _____ .

→ 3) 봉투에 _____ . → 4) _____ .

3. **그림을 보고 알맞은 것을 골라서 대화를 완성해 보세요.**
Look at the picture and select the appropriate word to complete the dialogue.

> 넣다   뽑다   붙이다   (보내다)   포장하다

1)
가: 엽서를 많이 샀네요.
나: 네. 고향에 있는 친구들에게 <u>보낼</u> 거예요.

2)
가: 파티 준비를 도와줄까요?
나: 네. 고마워요. 이 초대장을 봉투에 _____ 아/어 주세요.

3)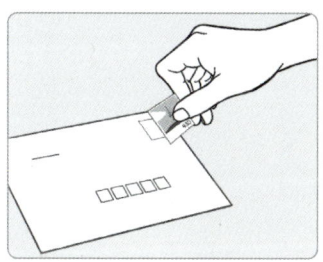
가: 우표를 어디에 _____ 아야/어야 돼요?
나: 편지봉투 오른쪽 위에요. 여기 풀이 있어요.

4)
가: 어기에서 우표를 살 수 있어요?
나: 네. 번호표를 _____ 고 기다리세요.

5)
가: 이 책을 미국으로 보내려고 왔어요.
나: 그럼 먼저 책을 상자에 넣어서 _____ 아/어 주세요.

초대장 invitation   풀 glue

문법과 표현 1 동-는데요, 형-(으)ㄴ데요, 명인데요

1. 빈칸에 알맞게 쓰세요.
Fill in the blanks.

	-는데요		-(으)ㄴ데요
먹다	먹는데요	작다	작은데요
읽다		크다	
가다		가깝다	
쉬다		멀다	
만들다		길다	
살다		맛있다	

	인데요		인데요
학생	학생인데요	친구	

2. 그림을 보고 대화를 완성해 보세요.
Look at the picture and complete the dialogue.

1) 가: 실례지만 누구세요?
   나: 유진인데요.

2)
   가: 약속 장소가 어디예요?
   나: _____.

3)
   가: 지금 몇 시예요?
   나: _____.

4)
   가: 여보세요? 하이 씨 계세요?
   나: 네. _____.

5)
   가: 여보세요? 거기 서울대학교지요?
   나: _____. 전화 잘못 거셨습니다.

(전화를) 걸다 to call

3. 그림을 보고 대화를 완성해 보세요.
Look at the picture and complete the dialogue.

1)
가: 사이즈가 어떠세요?
나: 좀 __작은데요__ . 한 사이즈 큰 거 있어요?

2)
가: 선생님, 질문이 _____.
나: 네. 물어보세요.

3)
가: 어떻게 오셨어요?
나: 우표를 사러 _____.

4)
가: 무엇을 도와드릴까요?
나: 부산으로 여행을 가고 _____.

5)
가: 내일 가게 문을 열어요?
나: 아니요. 내일은 주말이라서 _____.
　　월요일에 오세요.

4. 친구와 이야기해 보세요.
Talk with your partner.

우체국　　백화점　　사무실　　여행사

문법과 표현 2 동형 -(으)ㄹ 거예요

1. 빈칸에 알맞게 쓰세요.
Fill in the blanks.

	-(으)ㄹ 거예요		-(으)ㄹ 거예요
먹다	먹을 거예요	좋다	
자다		맛있다	
좋아하다		비싸다	
돕다		피곤하다	
듣다		덥다	
열다		멀다	

2. 그림을 보고 문장을 완성해 보세요.
Look at the picture and complete the sentence.

1)  일찍 출발하세요. 출근 시간에는 <u>길이 막힐 거예요</u>.

2)  제니 씨한테 옷을 선물해 보세요. 제니 씨가 _____.

3)  예약을 하고 가세요. 주말에 사람이 _____.

4)  비빔밥을 먹어 보세요. 비빔밥이 _____.

5)  따뜻한 옷을 입으세요. 내일 아마 _____.

출근 going to work   아마 probably

3. 그림을 보고 대화를 완성해 보세요.
Look at the picture and complete the dialogue.

1)
가: 아야나 씨한테 이 모자를 사 주려고 해요.
나: 좋네요. <u>잘 어울릴 거예요</u>.

2)
가: 김 선생님이 어디에 계세요?
나: 아마 사무실에 _____.

3)
가: 비가 많이 오네요. 내일 여행 가는 날인데요.
나: 내일은 비가 _____. 일기 예보를 봤어요.

4)
가: 테오 씨가 전화를 안 받아요.
나: 테오 씨는 지금 _____. 어제 늦게까지 공부했어요.

5)
가: 에릭 씨가 오늘 왜 학교에 안 왔어요?
나: 아마 병원에 _____. 어제부터 아팠어요.

4. 친구와 이야기해 보세요.
Talk with your partner.

어떻게 하면 한국어를 잘할 수 있어요?

한국 친구와 자주 이야기하면 잘할 수 있을 거예요.

한국어를 잘하고 싶어요.   일찍 일어나고 싶어요.

돈을 모으고 싶어요.   한국 친구를 사귀고 싶어요.

일기 예보 weather forecast

어휘 Vocabulary

1. 알맞은 것을 연결해 보세요.
Match the picture with the appropriate word.

1)  • • ① 통장

2)  • • ② 신분증

3)  • • ③ 비밀번호

4)  • • ④ 신용카드

2. 그림을 보고 알맞은 것을 골라서 대화를 완성해 보세요.
Look at the picture and select the appropriate expression to complete the dialogue.

| 신분증을 내다 | (신청서를 쓰다) | 서명을 하다 | 비밀번호를 누르다 |

1)
가: 통장을 만들고 싶어서 왔어요.
나: 먼저 __신청서를 써__ 주세요.

2)
가: 여기에 통장 _____(으)세요.
나: 네. 알겠습니다.

3)
가: 유진 씨, 체크카드를 만들고 싶은데요. 뭐가 필요해요?
나: 통장하고 _____ 아야/어야 돼요. 꼭 가져가세요.

4)
가: 체크카드가 나왔습니다. 여기에 _____ 아/어 주세요.
나: 네. 알겠습니다.

가져가다 to take

3. 알맞은 것을 연결해 보세요.
Match the word with its appropriate meaning.

1) 입금 •　　　　　　　　　　　• ① 돈을 찾다

2) 출금 •　　　　　　　　　　　• ② 돈을 넣다

3) 환전 •　　　　　　　　　　　• ③ 돈을 바꾸다

4) 송금, 이체 •　　　　　　　　　　　• ④ 돈을 보내다

4. 그림을 보고 알맞은 것을 골라서 대화를 완성해 보세요.
Look at the picture and select the appropriate word to complete the dialogue.

　　입금하다　　　　(출금하다)　　　　환전하다　　　　송금하다

1)
가: 뭘 도와드릴까요?
나: <u>출금하고</u> 싶은데요.

2)
가: 어떻게 오셨어요?
나: 달러를 한국 돈으로 _____ (으)러 왔는데요.

3)
가: 아르바이트 월급을 받으면 어떻게 해요?
나: 저는 돈이 생기면 항상 은행에 _____ 아요/어요.

4)
가: 회비를 어떻게 내야 돼요?
나: 카드로 내거나 이 계좌 번호로 _____ 아/어 주세요.

월급 monthly paycheck　　　생기다 to get　　　계좌 번호 account number

문법과 표현 ③ '르' 불규칙

1. 빈칸에 알맞게 쓰세요.
Fill in the blanks.

	-아요/어요	-(으)ㄹ 거예요	-아서/어서	-습니다/ㅂ니다	-는데요/(으)ㄴ데요
모르다	몰라요				
오르다		오를 거예요			
누르다			눌러서		
부르다				부릅니다	
서두르다					서두르는데요
다르다					
빠르다					

2. 그림을 보고 문장을 완성해 보세요.
Look at the picture and complete the sentence.

1)  어제 이사해서 아직 집 주소를 　몰라요　.

2)  친구들하고 한국 노래를 ＿＿＿＿＿＿ 아요/어요.

3)  5층 좀 ＿＿＿＿＿＿ 아/어 주세요.

4)  저하고 친구는 취미가 ＿＿＿＿＿＿ 아요/어요.

5)  작년보다 버스 요금이 ＿＿＿＿＿＿ 았어요/었어요.

모르다 to not know　　오르다 to go up　　서두르다 to hurry　　빠르다 to be fast

3. 그림을 보고 알맞은 것을 골라서 대화를 완성해 보세요.
Look at the picture and select the appropriate word to complete the dialogue.

> 모르다   오르다   누르다   부르다   서두르다   다르다   빠르다

1)
가: 내일 숙제가 뭐예요?
나: 저도 잘 　몰라요　.

2)
가: 엥흐 씨 고향의 음식하고 한국 음식이 비슷해요?
나: 아니요. _____ 아요/어요.
　　우리 나라 음식은 맵지 않아요.

3)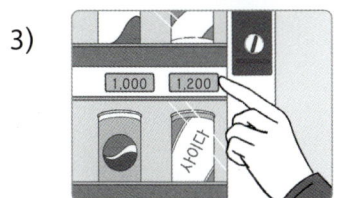
가: 이거 사용할 줄 알아요?
나: 네. 돈을 넣고 나서 버튼을 _____ (으)세요.

4)
가: 강남까지 버스로 갈까요?
나: 지하철이 더 _____ (으)니까 지하철로 가요.

5)
가: 9시까지 가야 되지요? 지금 몇 시예요?
나: 8시 50분이에요. _____ 아야/어야 돼요.

6)
가: 커피 한 잔에 5,000원입니다.
나: 어, 커피값이 _____ 았네요/었네요.

7)
가: 에릭 씨!
나: 왜요, 제니 씨?
가: 선생님이 에릭 씨의 이름을 _____ 았어요/었어요.
　　대답하세요.

 비슷하다 to be similar   사용하다 to use   버튼 button   값 price   대답하다 to answer

문법과 표현 4 동-(으)면 되다

1. 빈칸에 알맞게 쓰세요.
Fill in the blanks.

	-(으)면 되다		-(으)면 되다
먹다	먹으면 되다	연습하다	
읽다		듣다	
가다		놀다	
부르다		만들다	

2. 알맞은 것을 연결하고 문장을 만들어 보세요.
Match the expressions that go together and create a new sentence.

1) 카메라가 없다 • • 교환하다

2) 음식이 싱겁다 • • 소금을 넣다

3) 문법을 잘 모르다 • • 선생님께 여쭤보다

4) 어제 산 옷이 크다 • • 더 열심히 공부하다

5) 시험을 잘 못 봤다 • • 휴대폰으로 사진을 찍다

1) 카메라가 없으면 휴대폰으로 사진을 찍으면 돼요.

2) _____ .

3) _____ .

4) _____ .

5) _____ .

싱겁다 to be bland   소금 salt   문법 grammar   여쭤보다 to ask (honorific)

3. 그림을 보고 대화를 완성해 보세요.
Look at the picture and complete the dialogue.

1)
가: 현금이 없는데요.
나: 괜찮아요. 카드로 <u>내면 돼요</u>.

2)
가: 젓가락으로 먹을 줄 모르는데요.
나: 괜찮아요. 포크로 _____.

3)
가: 어디에서 택배를 보낼 수 있어요?
나: 가까운 편의점에서 _____.

4)
가: 도장을 안 가져왔는데요.
나: 괜찮습니다. 여기에 서명을 _____.

5)
가: 주소도 써야 돼요?
나: 괜찮습니다. 전화번호만 _____.

4. 친구와 이야기해 보세요.
Talk with your partner.

친구하고 싸웠어요. 어떻게 해야 돼요?

먼저 사과하면 돼요.

친구하고 싸웠습니다.   어제 산 신발이 사이즈가 안 맞습니다.

한국 친구를 사귀고 싶습니다.   방학에 여행을 하고 싶지만 돈이 없습니다.

현금 cash   포크 fork   도장 seal   사과하다 to apologize

6

하루 일과 Daily Routine

6-1 토요일마다 청소를 해요

6-2 수업이 끝난 후에 인사동에 갔어요

6-1	어휘	집안일
	문법과 표현	명마다
		동-(으)ㄹ게요

6-2	어휘	하루 일과
	문법과 표현	동-기 전에
		동-(으)ㄴ 후에

어휘 Vocabulary

1. 알맞은 것을 연결해 보세요.
Match the picture with the appropriate word.

1)  • ① 닦다

2)  • ② 씻다

3)  • ③ 돌리다

4) 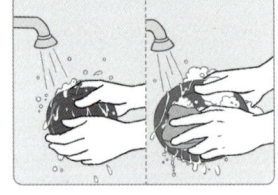 • ④ 버리다

2. 알맞은 것을 골라서 문장을 완성해 보세요.
Select the appropriate word to complete the sentence.

| 세탁기 | 청소기 | 설거지 | 쓰레기 |

1) 요즘 바빠서 빨래를 못 했어요. 이번 주말에 _____ 를 돌릴 거예요.

2) 우리 아파트는 월요일하고 수요일에만 _____ 를 버릴 수 있어요.

3) 청소하는 것이 힘들었어요. 그런데 _____ 를 사서 이제 별로 힘들지 않아요.

4) 저는 요리하는 것은 좋아하지만 그릇 씻는 것은 안 좋아해요.
그래서 보통 제가 요리를 하고 룸메이트가 _____ 를 해요.

아파트 condo/apartment   이제 now

3. 그림을 보고 알맞은 것을 골라서 대화를 완성해 보세요.
Look at the picture and select the appropriate expression to complete the dialogue.

> 정리하다   닦다   세탁기를 돌리다
> 청소기를 돌리다   설거지하다   ~~쓰레기를 버리다~~

1)
가: 안녕하세요? 어디 가세요?
나: 안녕하세요? <u>쓰레기를 버리러</u> 가요.

2)
가: 여보세요. 하이 씨, 지금 뭐 해요?
나: 저녁을 먹고 _____ 고 있었어요.

3)
가: 지금 _____ (으)려고 하는데요. 빨아야 하는 것이 있으면 주세요.
나: 정말요? 고마워요. 그럼 이 옷 좀 부탁해요.

4)
가: 미안해요. 우리 아이가 주스를 흘렸네요.
나: 괜찮습니다. 제가 _____ (으)면 됩니다.

5)
가: 내일 주말인데 뭐 해요?
나: 어제 이사를 했어요. 그래서 내일은 집을 _____ 아야/어야 돼요.

6)
가: 여보, 저 회사에 가요. 식사하고 나서 _____ 아/어 주세요.
나: 네. 알겠어요. 잘 다녀와요.

부탁하다 to ask a favor   흘리다 to spill

문법과 표현 ❶ 명마다

1. 문장을 만들어 보세요.
Create a sentence.

1) 아침 / 수영을 하다 ➡ 아침마다 수영을 해요.
2) 월요일 / 회의를 하다 ➡ _____.
3) 주말 / 가족에게 전화하다 ➡ _____.
4) 쉬는 시간 / 커피를 마시다 ➡ _____.
5) 층 / 화장실이 있다 ➡ _____.

2. 알맞은 것을 연결하고 문장을 만들어 보세요.
Match the word with the relevant sentence and create a new sentence.

1) 날 • • 문화가 다르다
2) 달 • • 지하철이 오다
3) 3분 • • 취미가 다르다
4) 나라 • • 용돈을 받다
5) 사람 • • 샤워를 하다

1) 날마다 샤워를 해요.
2) _____.
3) _____.
4) _____.
5) _____.

용돈 allowance

3. 그림을 보고 대화를 완성해 보세요.
Look at the picture and complete the dialogue.

1)

가: 안나 씨는 언제 청소를 해요?
나: 저는 ___토요일마다___ 청소를 해요.

2)

가: 식당이 문을 닫았네요.
나: 네. 이 식당은 _____ 쉬어요.

3)

가: 방학에 뭐 할 거예요?
나: 일본으로 여행 갈 거예요. 저는 _____ 해외여행을 가요.

4)

가: 오늘 저녁에 영화 볼까요?
나: 미안해요. 저는 _____ 두 시간씩 아르바이트를 해요.

5)

가: 저는 그 사람을 이해할 수 없어요.
나: 괜찮아요. _____ 생각이 달라요.

4. 친구와 이야기해 보세요.
Talk with your partner.

쉬는 시간에 뭐 해요?

저는 쉬는 시간마다 휴대폰을 봐요.

쉬는 시간   아침   주말   방학   생일 때

해외여행 overseas trip   씩 each   이해하다 to understand   때 during

문법과 표현 2 동-(으)ㄹ게요

1. 빈칸에 알맞게 쓰세요.
Fill in the blanks.

	-(으)ㄹ게요		-(으)ㄹ게요
먹다	먹을게요	운동하다	
읽다		돕다	
가다		듣다	
쓰다		만들다	

2. 그림을 보고 대화를 완성해 보세요.
Look at the picture and complete the dialogue.

1)

가: 도착하면 전화하세요.
나: 네. 전화할게요   .

2)

가: 제가 만든 김밥인데 점심에 드세요.
나: 고마워요. 잘   .

3)

가: 다음부터 늦지 마세요.
나: 죄송해요. 내일부터는 일찍   .

4)

가: 여러분, 부모님 말씀을 잘 들어야 해요.
나: 네, 선생님. 잘   .

5)

가: 자밀라 씨 생일에 케이크를 만들어 줄 수 있어요?
나: 네. 제가   .

3. 친구들하고 여행을 가려고 해요. 그림을 보고 대화를 만들어 보세요.

You're going on a trip with your friends. Look at the picture and create a dialogue.

1)
가: 누가 식당을 예약할 거예요?
나: 제가 예약할게요   .

2)
가: 누가 비행기표를 예매할 거예요?
나: _____ .

3)
가: 누가 숙소를 예약할 거예요?
나: _____ .

4)
가: 누가 관광지를 알아볼 거예요?
나: _____ .

4. 청소를 하려고 해요. 그림을 보고 친구와 이야기해 보세요.

You're trying to clean. Look at the picture and talk with your partner.

제가 청소기를 돌릴게요.

좋아요. 그럼 제가 방을 닦을게요.

어휘 Vocabulary

1. 알맞은 것을 연결해 보세요.
Match the picture with the appropriate expression.

1)  •   • ① 목욕하다

2)  •   • ② 머리를 감다

3)  •   • ③ 일기를 쓰다

4)  •   • ④ 낮잠을 자다

5)  •   • ⑤ 통화를 하다

2. 알맞은 것을 골라서 대화를 완성해 보세요.
Select the appropriate expression to complete the dialogue.

예습하다   수업을 듣다   복습하다

1) 가: 수업 후에 뭐 할 거예요?

    나: 도서관에 가서 오늘 배운 것을 _____ (으)ㄹ 거예요.

2) 가: 나나 씨, 숙제하고 있어요?

    나: 아니요. 숙제는 다 했어요. 지금은 내일 배우는 것을 _____ 고 있어요.

3) 가: 에릭 씨가 전화를 안 받네요.

    나: 아, 에릭 씨는 지금 아마 대학원 _____ 고 있을 거예요.

3. **그림을 보고 알맞은 것을 골라서 대화를 완성해 보세요.**
Look at the picture and select the appropriate expression to complete the dialogue.

| 나가다 | 화장을 지우다 | 머리를 감다 | 목욕하다 |
| 낮잠을 자다 | 일기를 쓰다 | 통화를 하다 | |

1)
   가: 엥흐 씨는 벌써 갔어요?
   나: 네. 조금 전에 <u>나갔어요</u> .

2)
   가: 자밀라 씨는 수업 후에 보통 뭐 해요?
   나: 집에 가서 _____ 아요/어요.

3)
   가: 집에 돌아가서 제일 먼저 뭐 해요?
   나: _____ 아요/어요.

4)
   가: 테오 씨는 어디 있어요? 아직 안 왔어요?
   나: 왔어요. 저쪽에서 여자 친구하고 _____ 는 것 같아요.

5)
   가: 저녁에 같이 산책 갈까요?
   나: 미안해요. 오늘은 좀 피곤해서 일찍 저녁 먹고 나서 _____ 고 싶어요.

6)
   가: 제니 씨, 아직도 공부해요? 지금 11시예요.
   나: 아니에요. 오랜만에 _____ 고 있어요. 오늘 좋은 일이 많아서 쓰고 싶어서요.

7)
   가: 어떤 샴푸가 좋아요?
   나: 이 샴푸로 한번 _____ 아/어 보세요. 고객님 마음에 드실 거예요.

 벌써 already   샴푸 shampoo   오랜만에 after a long time   고객님 customer

문법과 표현 3 | 동-기 전에

1. 문장을 만들어 보세요.
Create a sentence.

1)

손을 씻다 / 밥을 먹다

➡ 밥을 먹기 전에 손을 씻어요.

2)

목욕을 하다 / 자다

➡ _____.

3)

입어 보다 / 옷을 사다

➡ _____.

4)

벨을 누르다 / 버스에서 내리다

➡ _____.

2. 알맞은 것을 연결하고 문장을 만들어 보세요.
Match the expressions that go together and create a new sentence.

1) 라면을 넣다 • • 예약하다
2) 신분증을 만들다 • • 불을 끄다
3) 자다 • • 물을 끓이다
4) 식당에 가다 • • 사진을 찍다
5) 집에 들어가다 • • 신발을 벗다

1) 라면을 넣기 전에 물을 끓여야 해요.
2) _____.
3) _____.
4) _____.
5) _____.

벨 bell   불 light   끓이다 to boil

3. **그림을 보고 대화를 완성해 보세요.**
   Look at the picture and complete the dialogue.

1)
   가: 고향에 돌아가기 전에 같이 밥 먹어요.
   나: 네. 좋아요.

2)
   가: _____ 앞치마를 입으세요.
   나: 네. 알겠어요.

3)
   가: 왜 이렇게 서둘러요?
   나: 은행이 문을 _____ 빨리 가야 돼요.

4)
   가: 두 사람은 언제부터 알았어요?
   나: 한국에 _____ 알았어요.

5)
   가: 언제까지 일을 끝내야 돼요?
   나: _____ 끝내야 돼요.

4. **친구와 이야기해 보세요.**
   Talk with your partner.

자기 전에 보통 뭐 해요?

저는 자기 전에 휴대폰을 봐요.

자기 전에 보통 뭐 해요?

외출하기 전에 뭐 해요?

한국에 오기 전에 무슨 일을 했어요?

고향에 돌아가기 전에 뭐 하고 싶어요?

앞치마 apron   외출하다 to go outside

문법과 표현 4 동-(으)ㄴ 후에

1. 빈칸에 알맞게 쓰세요.
Fill in the blanks.

	-(으)ㄴ 후에		-(으)ㄴ 후에
먹다	먹은 후에	일하다	
읽다		돕다	
가다		듣다	
쓰다		놀다	

2. 문장을 만들어 보세요.
Create a sentence.

1) 청소기를 돌리다 → 방을 닦다
   청소기를 돌린 후에 방을 닦으세요.

2) 점심을 먹다 → 약을 먹다

3) 사람들이 내리다 → 지하철을 타다

4) 여권을 만들다 → 비자를 신청하다

5) 옷을 입어 보다 → 사다

3. 그림을 보고 대화를 완성해 보세요.
Look at the picture and complete the dialogue.

1)

가: 집에 가면 보통 뭐 해요?
나: <u>숙제한 후에</u> 쉬어요.

2)

가: 언제 잘 거예요?
나: _____ 잘 거예요.

3)

가: 고향에서도 한국어를 배웠어요?
나: 아니요. _____ 처음 배웠어요.

4)

가: 영화 보러 갈까요?
나: 좋아요. _____ 같이 가요.

5)

가: 언제부터 아프셨어요?
나: 어제 _____ 아팠어요.

4. 친구와 이야기해 보세요.
Talk with your partner.

수업이 끝난 후에 뭐 할 거예요?

수업이 끝난 후에 점심을 먹을 거예요.

수업이 끝나다   숙제를 하다   밥을 먹다

한국어 공부를 마치다   대학교를 졸업하다

마치다 to finish

복습 2

어휘 Vocabulary

✏️ **아는 단어에 ✔ 하세요.**

4단원

가격이 싸다/비싸다 ☐	길이가 길다/짧다 ☐	사이즈가 잘 맞다/안 맞다 ☐
색깔이 밝다/어둡다 ☐	굽이 높다/낮다 ☐	마음에 들다/안 들다 ☐
사이즈가 크다/작다 ☐	디자인이 화려하다/단순하다 ☐	잘 어울리다/안 어울리다 ☐

상품 ☐	할인하다 ☐	문의하다 ☐
배송비 ☐	선택하다 ☐	교환하다 ☐
장바구니 ☐	구매하다 ☐	환불하다 ☐
	주문하다 ☐	

5단원

상자 ☐	번호표를 뽑다 ☐	소포를 포장하다 ☐
우표를 붙이다 ☐	엽서를 보내다/부치다 ☐	봉투에 넣다 ☐
우편번호를 쓰다 ☐	소포를 보내다/부치다 ☐	

통장 ☐	서명하다 ☐	송금 ☐
체크카드 ☐	비밀번호를 누르다 ☐	이체 ☐
신용카드 ☐	입금 ☐	돈을 넣다 ☐
신분증을 내다 ☐	출금 ☐	돈을 보내다 ☐
신청서를 쓰다 ☐	환전 ☐	

6단원

정리하다 ☐	설거지하다 ☐	쓰레기를 버리다 ☐
닦다 ☐	그릇을 씻다 ☐	음식물 쓰레기 ☐
세탁기를 돌리다 ☐	컵 ☐	일반 쓰레기 ☐
옷을 빨다 ☐	숟가락 ☐	재활용 쓰레기 ☐
청소기를 돌리다 ☐	젓가락 ☐	

나가다/나오다 ☐	예습하다 ☐	낮잠을 자다 ☐
화장을 지우다 ☐	수업을 듣다 ☐	일기를 쓰다 ☐
머리를 감다 ☐	복습하다 ☐	통화를 하다 ☐
목욕하다 ☐		

[1~2] 밑줄 친 것과 의미가 같은 것을 고르세요.

1.
   가: 돈을 <u>찾아야</u> 하는데요. 근처에 은행이 없네요.
   나: 편의점에 에이티엠(ATM)이 있어요. 거기에 한번 가 보세요.

   ① 입금해야　　② 출금해야　　③ 환전해야　　④ 송금해야

2.
   가: 어떻게 오셨어요?
   나: 선물받은 넥타이를 <u>바꾸고</u> 싶어서 왔는데요.

   ① 교환하고　　② 환불하고　　③ 주문하고　　④ 문의하고

[3~4] 밑줄 친 것과 의미가 반대되는 것을 고르세요.

3.
   가: 이 구두는 색깔이 너무 <u>밝은</u> 것 같아요.
   나: 여기 더 (　　) 색도 있으니까 한번 신어 보세요.

   ① 맞는　　② 단순한　　③ 어두운　　④ 화려한

4.
   가: 나나 씨, 일찍 왔네요. 수업 듣기 전에 <u>예습하고</u> 있어요?
   나: 아니요. 어제 배운 것을 (　　) 있어요.

   ① 알아보고　　② 복습하고　　③ 선택하고　　④ 문의하고

[5~7] (　) 에 들어갈 가장 알맞은 것을 고르세요.

5.
   가: 코트가 마음에 드세요, 손님?
   나: (　　) 이/가 좀 크네요. 이거보다 작은 거 있어요?

   ① 굽　　② 색깔　　③ 디자인　　④ 사이즈

6.
   가: 수업 끝난 후에 뭐 할 거예요?
   나: 소포를 (　　) 우체국에 갈 거예요.

   ① 내러　　② 넣으러　　③ 붙이러　　④ 부치러

7.
   가: 통장을 만들고 싶은데요. 뭐가 필요해요?
   나: (　　) 이/가 필요합니다. 여권이나 외국인 등록증을 주시면 됩니다.

   ① 번호표　　② 신분증　　③ 신청서　　④ 신용카드

문법과 표현
Grammar & Expression

4단원

동-는 것 같다 형-(으)ㄴ 것 같다 명인 것 같다	나나 씨는 요리를 **좋아하는 것 같아요**. 이 구두가 좀 **비싼 것 같아요**. 저 사람은 유진 씨의 **동생인 것 같아요**.
명보다	저는 **형보다** 키가 커요.
동-(으)ㄴ 명	어제 **먹은 피자**가 맛있었어요.
명(으)로	한국 사람들은 숟가락과 **젓가락으로** 식사해요.

5단원

동-는데요 형-(으)ㄴ데요 명인데요	지금 도서관에 **가는데요**. 이 옷이 저한테 좀 **작은데요**. 제 친구는 **외국 사람인데요**.
동형-(으)ㄹ 거예요	부모님이 제 선물을 받으면 **좋아하실 거예요**.
'르' 불규칙	저는 그 사람을 **몰라요**.
동-(으)면 되다	여권이 없으면 외국인 등록증을 **내면 됩니다**.

6단원

명마다	**날마다** 한국어를 공부해요.
동-(으)ㄹ게요	제가 친구들에게 **연락할게요**.
동-기 전에	**수영하기 전에** 준비운동을 해야 돼요.
동-(으)ㄴ 후에	숙제를 다 **한 후에** 드라마를 볼 거예요.

복습 2

[1~2] ( )에 들어갈 가장 알맞은 것을 고르세요.

1. 가: 제가 오늘 아침에 ( ) 김밥이에요. 먹어 보세요.
   나: 와, 고마워요. 잘 먹을게요.

   ① 만든　　② 만드는　　③ 만들고　　④ 만드니까

2. 가: 택시를 타고 갈까요?
   나: 지금은 길이 막혀서 지하철이 ( ) 빠를 거예요.

   ① 택시로　　② 택시부터　　③ 택시마다　　④ 택시보다

[3~6] 밑줄 친 부분을 맞게 고쳐 보세요.

3. 에릭 씨는 파티에 못 올게요. ➡ _____
4. 우리 나라와 한국 문화는 다라요. ➡ _____
5. 바지를 입기 후에 양말을 신어요. ➡ _____
6. 이거는 연필으로 그린 그림이에요. ➡ _____

[7~10] 알맞은 것을 골라 대화를 만들어 보세요.

> (으)로　-(으)ㄹ게요　-(으)ㄴ 후에　-는 것 같다　-는데요　-(으)ㄴ데요

7. 가: 언제 잘 거예요?
   나: _____.

8. 가: 나나 씨는 지금 뭐 해요?
   나: _____.

9. 가: 어떻게 오셨어요?
   나: _____.

10. 가: 제주도에 뭘 타고 갈 거예요?
    나: _____.

양말 sock(s)

듣기 Listening

[1~2] 다음 대화를 듣고 알맞은 그림을 고르세요.

1. ①  ②
   ③  ④

2. ①  ②
   ③  ④

[3~6] 다음을 듣고 이어지는 말을 고르세요.

3. ① 불고기가 맛있을 거예요.　　　　　② 불고기를 만들 줄 알아요?
　　③ 지금 고기를 사는 것 같아요.　　　④ 그럼 제가 시장에 가서 사 올게요.

4. ① 네. 저는 아야나인데요.　　　　　② 네. 엥흐 씨인 것 같아요.
　　③ 네. 괜찮아요. 무슨 일 있어요?　　④ 네. 제가 조금 후에 전화할게요.

5. ① 달러를 원으로 바꿔 주세요.　　　② 어제보다 환율이 많이 올랐네요.
　　③ 한국 돈 5만 원짜리로 주시면 돼요.④ 500달러를 한국 돈으로 바꿔 주세요.

6. ① 한 시간마다 와요.　　　　　　　② 공항버스가 편할 거예요.
　　③ 공항까지 30분 걸릴 거예요.　　　④ 공항버스보다 지하철이 빨라요.

[7~8] 다음은 무엇에 대해 말하고 있습니까? 알맞은 것을 고르세요.

7. ① 교환　　② 배송　　③ 약속　　④ 환불

8. ① 수업　　② 계획　　③ 집안일　　④ 하루 일과

[9~11] 다음을 듣고 들은 내용과 같은 것을 고르세요.

9. ① 여자는 얇은 옷이 필요합니다.　　② 여자의 고향은 한국보다 춥습니다.
　　③ 여자는 오늘 따뜻한 옷을 입었습니다.④ 여자는 토요일에 옷을 사러 갈 것입니다.

10. ① 이 상품은 전화로 주문할 수 있습니다.　　② 이 상품은 요리를 해 주는 가전제품입니다.
　　③ 이 상품과 청소기를 함께 사면 더 좋습니다.④ 이 상품을 지금 사면 그릇을 받을 수 있습니다.

소고기 beef　환율 exchange rate　짜리 worth　방송 broadcasting　바로 immediately

11. ① 여자는 긴 머리를 마음에 들어 합니다.
② 여자는 남자가 추천한 헤어스타일을 좋아합니다.
③ 여자는 유행하는 머리를 하려고 미용실에 왔습니다.
④ 여자는 하고 싶은 헤어스타일을 남자에게 보여 줬습니다.

[12~13] 다음을 듣고 물음에 답하세요.

12. 남자는 왜 은행에 왔습니까?
① 돈을 내려고
② 환전을 하려고
③ 통장을 만들려고
④ 체크카드를 만들려고

13. 들은 내용과 같은 것을 고르세요.
① 남자는 돈을 내야 합니다.
② 남자는 통장이 없습니다.
③ 남자는 여권을 안 가져왔습니다.
④ 남자는 비밀번호를 잊어버렸습니다.

[14~15] 다음을 듣고 물음에 답하세요.

14. 남자는 언제 택배를 보낼 것입니까?
① 오늘 오전　② 오늘 오후　③ 내일 오전　④ 내일 오후

15. 들은 내용과 같은 것을 고르세요.
① 남자는 책을 주문할 것입니다.
② 남자는 택배 회사 직원입니다.
③ 남자는 내일 여자 집을 방문할 것입니다.
④ 남자는 상자 한 개를 부산으로 보낼 것입니다.

머리를 하다 to do one's hair	자르다 to cut	헤어스타일 hair style	추천하다 to recommend
유행하다 to be in fashion	잃어버리다 to lose	잊어버리다 to forget	방문하다 to visit

읽기 Reading

[1~3] 다음을 읽고 맞지 <u>않는</u> 것을 고르세요.

1.

✓	오전 10시	보고서 준비
✓	오후 12시 30분	서울식당, 하이
✓	오후 3시	회의
☐	오후 5시 30분	스누카페, 유진
☐	오후 6시	운동
☐	오후 7시 30분	한국어 수업

① 이 사람은 오늘 유진을 만나려고 합니다.
② 이 사람은 점심 식사 후에 보고서를 썼습니다.
③ 이 사람은 점심을 먹고 나서 회의를 했습니다.
④ 이 사람은 한국어 수업을 듣기 전에 운동을 할 것입니다.

2.

① 이 티셔츠의 배송비는 무료입니다.
② 밝은 색깔의 티셔츠는 살 수 없습니다.
③ 이 티셔츠는 할인해서 30,000원입니다.
④ 배송은 이틀이나 사흘 정도 걸릴 것입니다.

 보고서 report

3.

나나: 제니 씨, 언제 집에 올 거예요?

제니: 10분쯤 후에 도착할 거예요.

나나: 제가 세탁기를 돌리고 있는데요. 지금 나가야 해서요. 미안하지만 집에 오면 세탁기 안에 있는 옷 좀 정리해 줄 수 있어요?

제니: 네. 제가 할게요. 걱정하지 마세요.

① 제니는 지금 집에 없습니다.
② 제니는 옷을 정리할 것입니다.
③ 나나는 빨래를 하고 있습니다.
④ 나나는 곧 집에 돌아올 것입니다.

[4~5] 다음을 읽고 순서가 알맞은 것을 고르세요.

4.
(가) 저는 토요일마다 청소를 합니다.
(나) 그리고 방을 닦은 후에 세탁기를 돌립니다.
(다) 먼저 방을 정리하고 나서 청소기를 돌립니다.
(라) 이렇게 청소를 하고 깨끗한 집을 보면 기분이 좋습니다.

① (가) - (나) - (다) - (라)
② (가) - (다) - (나) - (라)
③ (라) - (가) - (나) - (다)
④ (라) - (다) - (가) - (나)

5.
(가) 편의점에서 택배를 보내는 방법을 아세요?
(나) 그리고 보내는 물건의 정보와 받는 사람의 주소를 쓰세요.
(다) 먼저 편의점 홈페이지에 들어가서 택배 예약을 누르세요.
(라) 마지막으로 예약 번호를 받은 후에 물건을 가지고 편의점에 가면 돼요.

① (가) - (나) - (다) - (라)
② (가) - (다) - (나) - (라)
③ (다) - (가) - (나) - (라)
④ (다) - (나) - (가) - (라)

 물건 item   마지막 the last

복습 2

[6~7] 다음을 읽고 중심 생각을 고르세요.

6.
> 저는 오늘 구두를 샀습니다. 어두운색 구두인데 디자인이 단순하고 굽이 높지 않아서 편합니다. 인터넷으로 사는 것보다 가격도 더 쌌습니다. 저는 날마다 이 구두를 신을 것입니다.

① 굽이 낮은 구두가 편합니다.   ② 저는 어두운색 구두를 좋아합니다.
③ 구두는 신어 보고 나서 사야 합니다.   ④ 저는 오늘 산 구두가 마음에 듭니다.

7.
> 저는 5개월 전에 한국어를 배우려고 한국에 왔습니다. 저는 아침마다 가까운 공원에서 산책을 한 후에 학교에 갑니다. 오후에는 춤을 배운 후에 친구들과 서울의 여기저기를 구경합니다. 제 한국 생활은 날마다 바쁘지만 좋아하는 일을 할 수 있어서 즐겁습니다.

① 저는 한국에서 산책을 자주 합니다.   ② 저는 한국어와 춤을 배우고 있습니다.
③ 저는 한국에서 사는 것이 행복합니다.   ④ 저는 서울을 구경하는 것을 좋아합니다.

[8~9] 다음을 읽고 ( )에 들어갈 알맞은 말을 고르세요.

8.
> 저는 노래를 별로 잘 못 부릅니다. (㉠) 친구들과 함께 노래 부르는 것을 좋아합니다. 친구들과 큰 소리로 노래를 부르면 기분이 좋습니다. (㉡) 주말마다 친구들과 노래방에 갑니다.

① ㉠ 그래서 - ㉡ 하지만   ② ㉠ 그래서 - ㉡ 그러면
③ ㉠ 하지만 - ㉡ 그리고   ④ ㉠ 하지만 - ㉡ 그래서

9.
> 요즘 인터넷 쇼핑을 하는 사람이 많습니다. 인터넷으로 사면 가격이 싸고 이틀이나 사흘 안에 집에서 물건을 받을 수 있습니다. 그러나 저는 (   )을 더 좋아합니다. 물건을 직접 본 후에 살 수 있고 한국말 연습도 할 수 있어서 좋습니다.

① 택배를 받는 것   ② 가게에 가서 사는 것
③ 한국말을 연습하는 것   ④ 인터넷으로 쇼핑하는 것

    여기저기 here and there   행복하다 to be happy   (노래를) 부르다 to sing   직접 directly

[10~11] 다음을 읽고 물음에 답하세요.

> 저는 지난 주말에 백화점에 갔습니다. (㉠) 다음 달이 아버지 생신이라서 넥타이를 샀습니다. (㉡) 백화점에서 넥타이를 예쁜 종이로 포장해 주어서 기분이 좋았습니다. (㉢) 오늘 수업이 끝난 후에 우체국에 가서 아버지 선물을 비행기로 보냈습니다. (㉣) 선물을 받고 웃으시는 아버지 얼굴을 빨리 보고 싶습니다.

10. 다음 문장이 들어갈 곳을 고르세요.

> 선물은 일주일쯤 후에 도착할 것입니다.

① ㉠　　② ㉡　　③ ㉢　　④ ㉣

11. 이 글의 내용과 같은 것을 고르세요.

① 이 사람은 배로 소포를 보냈습니다.
② 이 사람은 다음 달에 아버지를 만날 것입니다.
③ 이 사람은 우체국에서 넥타이를 포장했습니다.
④ 이 사람은 아버지께 드리려고 선물을 샀습니다.

[12~13] 다음을 읽고 물음에 답하세요.

> 여러분은 통화하는 것이 힘들지 않습니까? 문자나 이메일은 생각을 한 후에 보낼 수 있어서 어렵지 않습니다. 하지만 통화는 빨리 생각하고 말해야 해서 어렵습니다. 그런데 가끔 꼭 통화를 해야 하는 일이 있습니다. 그때는 (　　　　) 미리 해야 하는 말을 쓰고 나서 연습해 보면 좋을 것입니다.

12. (　) 에 들어갈 알맞은 말을 고르세요.

① 생각을 하기 전에　　② 통화를 하기 전에
③ 문자를 보내기 전에　　④ 이메일을 쓰기 전에

　　종이 paper　　가끔 sometimes　　미리 in advance

13. 이 글의 내용과 같은 것을 고르세요.

    ① 빨리 말하는 연습을 해야 합니다.
    ② 문자나 이메일을 보내는 것은 어렵습니다.
    ③ 미리 연습을 하면 통화를 잘할 수 있습니다.
    ④ 문자를 보내기 전에 연습하는 것이 필요합니다.

[14~15] 다음을 읽고 물음에 답하세요.

> 저하고 친구는 저녁마다 함께 한국 드라마를 봅니다. 한국 드라마는 내용도 재미있지만 드라마에 나오는 배우들이 멋있고 옷도 잘 입는 것 같습니다. (㉠) 한 인터넷 블로그에서 그 모자를 파는 가게를 찾았습니다. (㉡) 우리는 오늘 수업이 끝난 후에 그 가게에 갔습니다. (㉢) 저에게는 밝은색보다 어두운색이 잘 어울려서 저는 어두운색 모자를 사고 친구는 밝은색 모자를 샀습니다. (㉣) 오늘 산 모자가 정말 마음에 듭니다.

14. 다음 문장이 들어갈 곳을 고르세요.

    > 특히 어제 드라마에서 배우가 쓴 모자가 아주 예뻐서 인터넷으로 찾아봤습니다.

    ① ㉠   ② ㉡   ③ ㉢   ④ ㉣

15. 이 글의 내용과 같은 것을 고르세요.

    ① 저에게는 밝은색이 어울립니다.
    ② 저와 친구는 같은 색 모자를 샀습니다.
    ③ 저와 친구는 블로그에 배우의 정보를 올립니다.
    ④ 저와 친구는 한국 드라마 보는 것을 좋아합니다.

쓰기 Writing

✏️ **질문을 잘 읽고 200~300자로 글을 쓰세요.**

> 여러분은 한국에서 쇼핑해 봤습니까? 무엇을 샀습니까?
> 어디에서 샀습니까? 그 물건이 어떻습니까?

💡 글을 다 썼어요?
다시 한번 읽어 보세요.

말하기 Speaking

1. 문법을 사용해서 친구와 이야기해 보세요.

동-는 것 같다, 형-(으)ㄴ 것 같다, 명인 것 같다

1) 오늘 _____ 씨 기분이 어떤 것 같아요?
2) 한국의 옷 가격이 어때요?

명보다

3) 밝은색 옷을 좋아해요, 어두운색 옷을 좋아해요?
4) 요리하는 것을 좋아해요, 설거지하는 것을 좋아해요?

동-(으)ㄴ 명

5) 어제 만난 사람이 누구예요?
6) 지난 생일에 무슨 선물을 받았어요?

명(으)로

7) 고향에 있는 가족들과 어떻게 연락해요?
8) 소포를 고향까지 어떻게 보낼 거예요?

동-는데요, 형-(으)ㄴ데요, 명인데요

9) 어서 오세요. 찾으시는 거 있으세요?
10) 가방 안에 뭐가 들었어요?

동 형-(으)ㄹ 거예요

11) 이 책을 읽고 싶은데요. 저한테 조금 어려운 것 같지요?
12) 인터넷으로 쇼핑을 하면 언제쯤 물건을 받을 수 있어요?

'르' 불규칙

13) 한국과 고향의 문화가 같아요?
14) 에이티엠(ATM)으로 돈을 보낼 줄 알아요?

동-(으)면 되다

15) 체크카드를 잃어버렸는데요. 어떻게 하지요?
16) 이건 선물받은 옷인데 사이즈가 커요. 어떻게 하지요?

명마다

17) 세탁기를 얼마나 자주 돌려요?
18) 공항버스는 얼마나 자주 와요?

동-(으)ㄹ게요

19) 청소하는 것 좀 도와주세요.
20) 언제까지 돈을 보내 줄 수 있어요?

동-기 전에

21) 언제 일기를 써요?
22) 언제 손을 씻어요?

동-(으)ㄴ 후에

23) 낮잠을 자고 나서 뭐 할 거예요?
24) 청소기를 먼저 돌려야 해요, 방을 먼저 닦아야 해요?

2. 그림을 보고 이야기를 만들어 보세요.

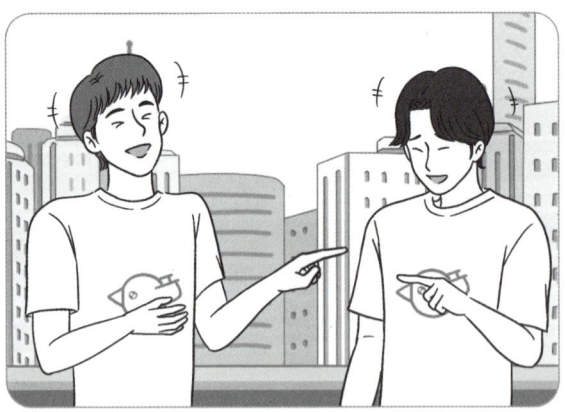

- ☐ 동-는 것 같다, 형-(으)ㄴ 것 같다, 명인 것 같다
- ☐ 명보다
- ☐ 동-(으)ㄴ 명
- ☐ 명(으)로
- ☐ 동-는데요, 형-(으)ㄴ데요, 명인데요
- ☐ 동형-(으)ㄹ 거예요
- ☐ '르' 불규칙
- ☐ 동-(으)면 되다
- ☐ 명마다
- ☐ 동-(으)ㄹ게요
- ☐ 동-기 전에
- ☐ 동-(으)ㄴ 후에

발음 Pronunciation

4단원

받침 'ㄼ' 뒤에 오는 음절이 모음으로 시작하면 'ㄹ'은 받침소리로 남고, 'ㅂ'이 그 음절의 첫소리로 발음됩니다. 자음이 오면 'ㄹ'만 발음합니다. 받침 'ㄼ' 뒤의 자음 'ㄱ, ㄷ, ㅅ, ㅈ'은 [ㄲ, ㄸ, ㅆ, ㅉ]로 발음합니다.

길이가 **짧은** 것 같아요.
　　　[짤븐]

치마가 **짧지** 않아요.
　　　[짤찌]

🎧 잘 듣고 따라 해 보세요.

❶ 이 옷은 좀 **얇아요**.

❷ **넓고** 편한 침대 있어요?

5단원

의문사가 있는 의문문은 문장의 끝을 내려서 말합니다.

요금이 얼마예요?

오늘 보내면 언제 도착해요?

🎧 잘 듣고 따라 해 보세요.

❶ 은행이 어디에 있어요?

❷ 우리 이따 뭐 할까요?

6단원

'-(으)ㄹ' 뒤에 오는 'ㄱ'은 [ㄲ]로 발음합니다.

제가 쓰레기를 **버릴게요**.
　　　　　　　[버릴께요]

오늘 보내면 사흘 정도 **걸릴 거예요**.
　　　　　　　　　　　[걸릴꺼예요]

🎧 잘 듣고 따라 해 보세요.

❶ 제가 청소기를 **돌릴게요**.

❷ 이 선물을 받으면 **좋아할 거예요**.

🎧 잘 듣고 따라 해 보세요.

❶ 가: 뭐 살 거예요?
　 나: 날씨가 더우니까 얇고 짧은 바지를 사고 싶어요.

❷ 가: 우리 언제 만날까요?
　 나: 제가 오늘 회의 끝나면 전화할게요.

7

길 찾기 Getting Directions

- **7-1** 서울대학교까지 얼마나 걸릴까요?
- **7-2** 영화관이 어디에 있는지 아세요?

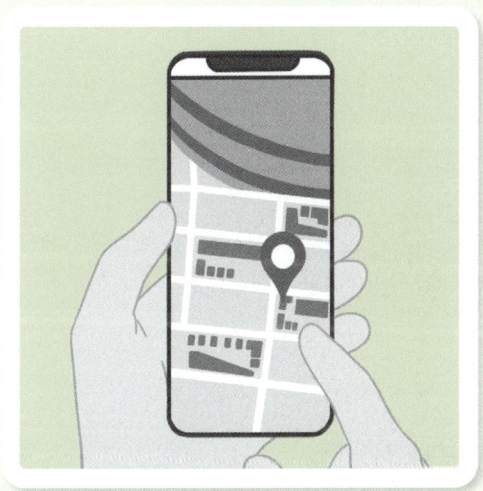

7-1	어휘	교통 ①
	문법과 표현	동형-(으)ㄹ까요?
		동형-(으)ㄹ 것 같다, 명일 것 같다

7-2	어휘	교통 ②
	문법과 표현	동-는지 알다/모르다, 명인지 알다/모르다
		동-다가

어휘 Vocabulary

1. 그림을 보고 알맞은 것을 골라서 쓰세요.
Look at the picture and select the appropriate word to fill in the blank.

| 육교 | 사거리 | 신호등 | 지하도 | 횡단보도 |

1)
2)
3)
4)
5)

2. 알맞은 것을 연결해 보세요.
Match the picture with the appropriate word.

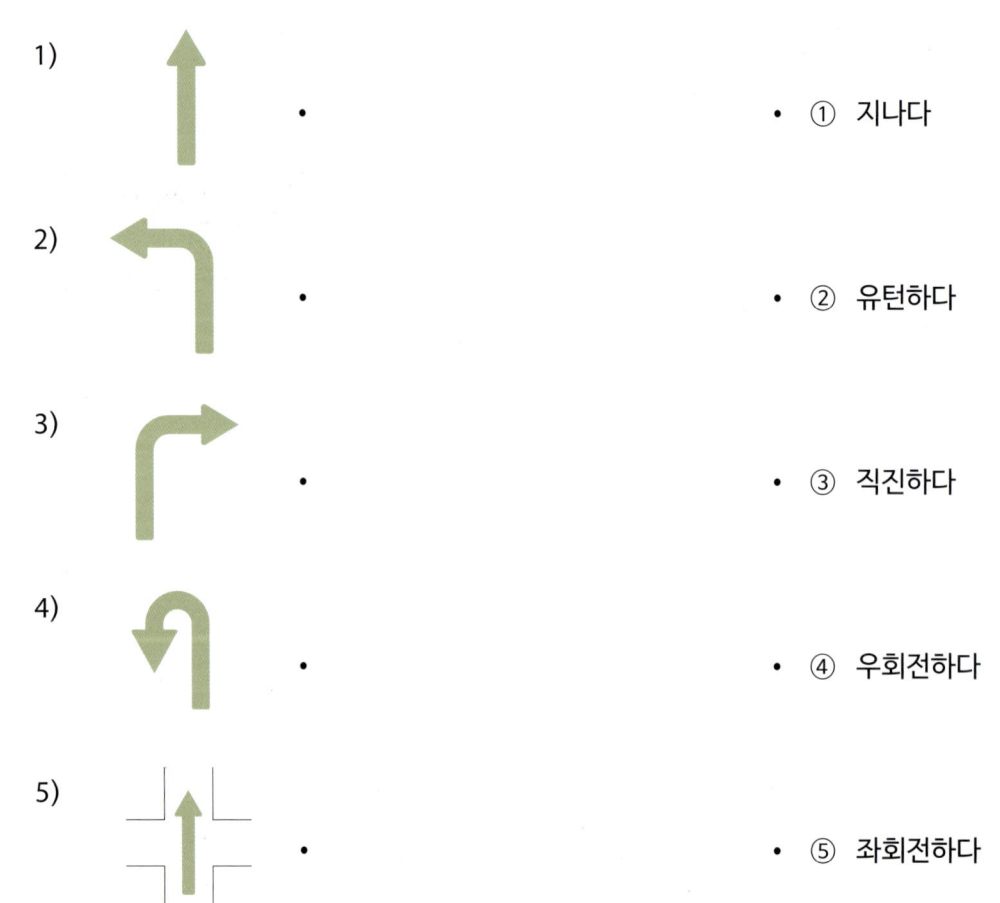

1) • • ① 지나다

2) • • ② 유턴하다

3) • • ③ 직진하다

4) • • ④ 우회전하다

5) • • ⑤ 좌회전하다

3. 그림을 보고 알맞은 것을 골라서 대화를 완성해 보세요.
Look at the picture and select the appropriate word to complete the dialogue.

> 직진하다   좌회전하다   우회전하다   유턴하다   지나다   (세우다)

1)
가: 저기 횡단보도 앞에서 　세워　 주세요.
나: 네. 알겠습니다.

2)
가: 이 근처에 우체국이 어디에 있어요?
나: 사거리에서 ＿＿＿＿＿＿(으)세요.

3)
가: 병원이 어디에 있어요?
나: 사거리에서 ＿＿＿＿＿＿(으)세요.

4)
가: 동물원에 가려고 하는데요. 이쪽으로 쭉 가면 돼요?
나: 네. 사거리에서 ＿＿＿＿＿＿(으)면 오른쪽에 있어요.

5)
가: 어느 쪽으로 가야 돼요?
나: 다음 신호등에서 ＿＿＿＿＿＿ 아/어 주세요.

6)
가: 어디에서 세워 드리면 돼요?
나: 사거리를 ＿＿＿＿＿＿ 아서/어서 육교 아래에 세워 주세요.

문법과 표현 1 동형 -(으)ㄹ까요?

1. 빈칸에 알맞게 쓰세요.
Fill in the blanks.

	-(으)ㄹ까요?		-(으)ㄹ까요?
먹다	먹을까요?	좋다	
맞다		맛있다	
좋아하다		비싸다	
쓰다		피곤하다	
듣다		덥다	
만들다		멀다	

2. 그림을 보고 대화를 완성해 보세요.
Look at the picture and complete the dialogue.

1) 떡볶이 / 잘 먹다
가: 아이들이 <u>떡볶이를 잘 먹을까요</u>?
나: 그럼요. 이건 안 매운 떡볶이니까 잘 먹을 거예요.

2) 날씨 / 좋다
가: 내일 _____?
나: 네. 좋을 거예요. 일기 예보를 봤어요.

3) 등산화 / 비싸다
가: _____?
나: 인터넷에서 찾아보세요. 싼 것도 있을 거예요.

4) 이 책 / 어렵다
가: _____?
나: 네. 모르는 단어가 많아서 어려울 거예요.

5) 꽃 / 팔다
가: 백화점에서 _____?
나: 네. 팔 거예요. 그런데 좀 비쌀 거예요.

등산화 hiking shoes

3. 대화를 완성해 보세요.
Complete the dialogue.

1) 가: 지금 출발하면 <u>늦을까요</u> ?
   나: 늦지 않을 거예요. 서두르지 마세요.

2) 가: 이 영화가 _____ ?
   나: 네. 재미있을 거예요. 요즘 인기가 많아요.

3) 가: 주말에 은행이 문을 _____ ?
   나: 안 열 거예요. 평일에 가세요.

4) 가: 테오 씨가 시험을 잘 _____ ?
   나: 공부를 정말 열심히 했으니까 잘 봤을 거예요.

5) 가: 수업이 _____ ?
   나: 아니요. 아직 안 끝났을 거예요. 1시까지 수업이에요.

6) 가: 교통 카드를 어디에서 _____ ?
   나: 편의점에서 살 수 있어요.

4. 친구의 고향에 여행을 가려고 해요. 친구와 이야기해 보세요.
You're going on a trip to your partner's hometown. Talk with your partner.

언제 가면 좋을까요?

6월에 날씨가 좋으니까 그때 가세요.

언제   어디   무엇   ?

문법과 표현 2 | 동형-(으)ㄹ 것 같다, 명일 것 같다

1. 빈칸에 알맞게 쓰세요.
Fill in the blanks.

	-(으)ㄹ 것 같다		-(으)ㄹ 것 같다
먹다	먹을 것 같다	작다	
입다		크다	
가다		덥다	
쓰다		맵다	
듣다		멀다	
만들다		길다	

	일 것 같다		일 것 같다
학생	학생일 것 같다	우유	

2. 그림을 보고 문장을 완성해 보세요.
Look at the picture and complete the sentence.

1)  약속 시간에 <u>늦을 것 같아요</u> .

2)  케이크가 _____ .

3)  비가 _____ .

4)  가방이 _____ .

5)  아기가 _____ .

아기 baby

3. **그림을 보고 대화를 완성해 보세요.**
   Look at the picture and complete the dialogue.

   1)
   가: 닛쿤 씨가 이 가방을 좋아할까요?
   나: 네. 좋아할 것 같아요   .

   2)
   가: 이 신발이 편할까요?
   나: 네.   .

   3)
   가: 지금 제니 씨가 뭐 하고 있을까요?
   나: .

   4)
   가: 다니엘 씨가 부산에 도착했을까요?
   나: 네.   .

   5)
   가: 저 사람이 학생일까요?
   나: 아니요.   .

4. **친구와 이야기해 보세요.**
   Talk with your partner.

   내일 날씨가 어떨까요?
   좋을 것 같아요.

   | 내일 날씨가 어떨까요? | _____ 씨는 지금 뭐 하고 있을까요? |
   | _____ 씨의 생일에 뭘 선물하면 좋을까요? | 고향 친구가 한국에 오면 같이 어디에 가면 좋을까요? |

어휘 Vocabulary

1. 알맞은 것을 연결해 보세요.
Match the picture with the appropriate expression.

1)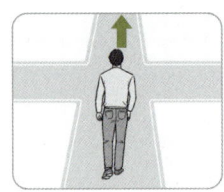
2)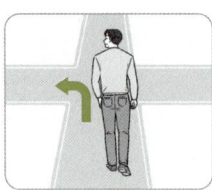
3)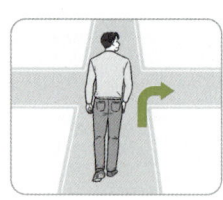
4)

① 건너다   ② 쭉 가다   ③ 왼쪽으로 돌아가다   ④ 오른쪽으로 돌아가다

2. 그림을 보고 알맞은 것을 골라서 대화를 완성해 보세요.
Look at the picture and select the appropriate word to complete the dialogue.

| 출구 | 입구 | 주차장 | 맞은편 | 호선 |

1)
가: 한국병원이 어디에 있어요?
나: 3번 __출구__ 로 나가서 쭉 가세요.

2)
가: 서울은행에 어떻게 가야 돼요?
나: 우체국 앞 횡단보도를 건너세요. 우체국 _____ 에 있어요.

3)
가: 내일 모임에 뭘 타고 갈 거예요?
나: 식당에 _____ 이/가 없어서 지하철로 갈 거예요.

4)
가: 표를 어디에서 살 수 있어요?
나: 미술관 _____ 옆에 매표소가 있어요.

5)
가: 명동에 어떻게 가요?
나: 지하철 4 _____ (이)나 501번 버스를 타세요.

3. 그림을 보고 알맞은 것을 골라서 대화를 완성해 보세요.
Look at the picture and select the appropriate expression to complete the dialogue.

> 나오다   왼쪽으로 돌아가다   오른쪽으로 돌아가다   쭉 가다   건너다

1)
가: 유진 씨, 지금 어디에 있어요?
나: 서울대입구역 앞에 있어요. 1번 출구로 나오세요 .

2)
가: 이 건물 주차장이 어디에 있어요?
나: _____ (으)면 있어요.

3)
가: 실례지만 지하철역이 어디에 있어요?
나: 횡단보도를 _____ 아서/어서 5분쯤 걸어가세요.

4)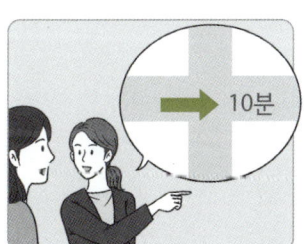
가: 여기에서 서울대학교까지 어떻게 가야 돼요?
나: 이쪽으로 10분쯤 _____ (으)면 돼요.

5)
가: 영화관에 가려고 하는데요. 여기에서 내리면 돼요?
나: 네. 이번 정류장에서 내려서 _____ (으)세요.

매표소 ticket office

문법과 표현 3 동-는지 알다/모르다, 명인지 알다/모르다

1. 문장을 만들어 보세요.
Create a sentence.

1) 설날에 뭘 먹어요? ➡ 설날에 뭘 먹는지 알아요?
2) 테오 씨가 지금 어디에 가요? ➡ _____?
3) 신문을 어디에서 팔아요? ➡ _____?
4) 화장실이 어디에 있어요? ➡ _____?
5) 자밀라 씨가 왜 안 왔어요? ➡ _____?
6) 2급 교실이 몇 층이에요? ➡ _____?
7) 지금 몇 시예요? ➡ _____?

2. 대화를 완성해 보세요.
Complete the dialogue.

1) 가: 도서관이 어디인지 아세요?
   나: 네. 저쪽으로 쭉 가면 있어요.

2) 가: 이 책이 _____?
   나: 네. 이만 원이에요.

3) 가: 이 사람이 _____?
   나: 네. 한국의 유명한 가수예요.

4) 가: 제니 씨 생일이 _____?
   나: 글쎄요. 저도 잘 모르겠어요.

5) 가: 엥흐 씨가 _____?
   나: 아니요. 저도 엥흐 씨의 나이를 몰라요.

6) 가: 오늘 숙제가 _____?
   나: 네. 친구에게 편지를 쓰는 거예요.

 설날 Seollal (native Korean)/New Year's Day

3. 그림을 보고 대화를 완성해 보세요.
Look at the picture and complete the dialogue.

1)

가: 아야나 씨가 <u>뭘 좋아하는지 아세요</u>?

나: 네. 아야나 씨는 인형을 좋아해요.

2)

가: 우체국이 _____?

나: 네. 저 사거리에 있어요.

3)

가: 시험을 _____?

나: 네. 다음 주 월요일에 봐요.

4)

가: 나나 씨가 왜 울어요?

나: 글쎄요. 저도 _____.

5)

가: 불고기를 만들 줄 알아요?

나: 아니요. 저도 불고기를 _____.

4. 친구와 이야기해 보세요.
Talk with your partner.

명동에 어떻게 가는지 알아요?

아니요. 어떻게 가는지 몰라요.

네. 지하철 4호선을 타면 돼요.

	명동	부산	제주도	?
교통편				
시간			?	
요금			?	

문법과 표현 4 동-다가

1. **문장을 만들어 보세요.**
   Create a sentence.

   1) 책을 읽다 / 자다 → 책을 읽다가 잤어요.
   2) 학교에 가다 / 친구를 만나다 → _____.
   3) 영화를 보다 / 화장실에 가다 → _____.
   4) 노래를 듣다 / 울다 → _____.
   5) 서울에서 살다 / 부산으로 이사 가다 → _____.

2. **그림을 보고 문장을 완성해 보세요.**
   Look at the picture and complete the sentence.

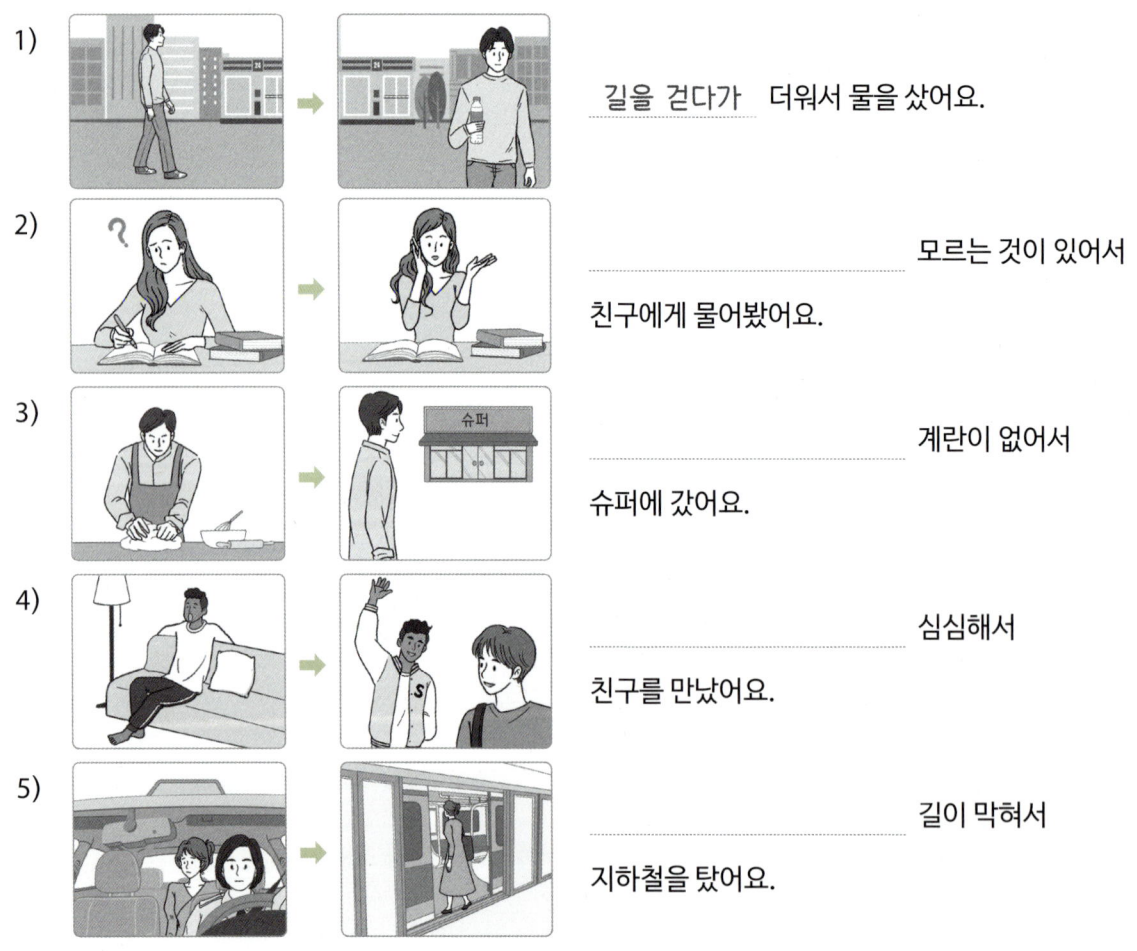

   1) 길을 걷다가 더워서 물을 샀어요.
   2) _____ 모르는 것이 있어서 친구에게 물어봤어요.
   3) _____ 계란이 없어서 슈퍼에 갔어요.
   4) _____ 심심해서 친구를 만났어요.
   5) _____ 길이 막혀서 지하철을 탔어요.

계란 egg   슈퍼 supermarket

3. 대화를 완성해 보세요.
Complete the dialogue.

1) 가: 왜 숙제를 안 했어요?
   나: 어제 숙제를 <u>하다가</u> 잤어요.

2) 가: 자밀라 씨는 어디에 있어요?
   나: 글쎄요. 밥을 _____ 전화를 받고 나갔어요.

3) 가: 누구하고 같이 살아요?
   나: 지난달까지 친구하고 같이 _____ 지금은 혼자 살아요.

4) 가: 와, 딸기를 사 왔네요.
   나: 네. 집에 _____ 맛있을 것 같아서 조금 샀어요.

5) 가: 언제 이 사진을 찍었어요?
   나: 어제 공원에서 산책을 _____ 꽃이 예뻐서 찍었어요.

6) 가: 은행에 어떻게 가는지 아세요?
   나: 네. 쭉 _____ 왼쪽으로 돌아가면 있어요.

4. 그림을 보고 친구와 이야기해 보세요.
Look at the picture and talk with your partner.

도서관이 어디에 있는지 아세요?

쭉 가다가 사거리에서 오른쪽으로 돌아가세요.

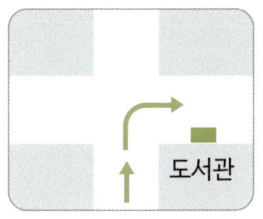 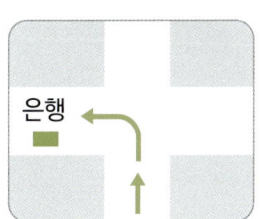 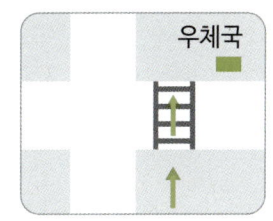 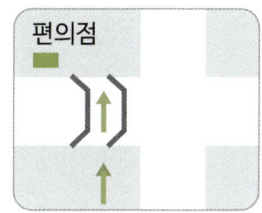

8

모임 Gathering

- **8-1** 축하 파티를 하기로 했어요
- **8-2** 제가 먹을 것을 준비할게요

8-1	어휘	모임 ①
	문법과 표현	동-기로 하다
		동-(으)ㄹ까 하다

8-2	어휘	모임 ②
	문법과 표현	동-(으)ㄹ 명
		동형-(으)ㄹ 테니까

어휘 Vocabulary

1. 그림을 보고 알맞은 것을 골라서 쓰세요.
Look at the picture and select the appropriate word to fill in the blank.

집들이   환영회   송별회

_____에
초대합니다.

1)  _____

2) _____

3)  _____

2. 관계가 있는 것을 연결해 보세요.
Match the word with the relevant expression.

1) 집들이 •   • ① 잘 가요. 우리 계속 연락해요.

2) 환영회 •   • ② 이사 축하해요. 집이 참 좋네요.

3) 송별회 •   • ③ 우리 동호회에 가입한 것을 환영합니다.

4) 생일 파티 •   • ④ 생일 축하합니다.

3. 그림을 보고 알맞은 것을 골라서 대화를 완성해 보세요.
Look at the picture and select the appropriate word to complete the dialogue.

> 초대하다   이사하다   환영하다   떠나다   정하다   모이다

1)
가: 생일에 뭐 했어요?
나: 친구들을 __초대해서__ 생일 파티를 했어요.

2)
가: 만나서 반갑습니다. 저는 마리라고 합니다.
나: 요리 동호회에 오신 것을 _____습니다/ㅂ니다.

3)
가: 시험 끝나고 뭐 할 거예요?
나: 친구들하고 _____ 아서/어서 같이 파티할 거예요.

4)
가: 저 다음 달에 고향에 돌아가요.
나: 그래요? 그럼 _____ 기 전에 만나서 같이 밥 먹어요.

5)
가: 1급에서 만난 친구들하고 같이 모임을 하려고 해요. 나나 씨도 올 수 있어요?
나: 그럼요. 모임 날짜를 _____ 았어요/었어요?

6)
가: 지금 사는 집이 어때요?
나: 학교에서 멀어서 좀 불편해요. 그래서 _____ (으)ㄹ 거예요.

문법과 표현 1 동-기로 하다

1. 문장을 만들어 보세요.
Create a sentence.

1) 점심에 김밥을 먹다 ➡ 점심에 김밥을 먹기로 했어요.
2) 방학에 아르바이트하다 ➡ _____.
3) 친구하고 놀이공원에 가다 ➡ _____.
4) 추석에 송편을 만들다 ➡ _____.
5) 노래방에서 한국 노래를 부르다 ➡ _____.

2. 다음을 보고 문장을 완성해 보세요.
Look at the following weekly schedule and complete the sentence.

월	화	수	목	금	토	일
2시 제니, 점심	테오, 영화	유진, 미술관	1시 동호회 모임	오후 태권도 수업	부산, 여행	

1) 월요일에는 제니 씨하고 점심을 먹기로 했어요.
2) 화요일에는 _____.
3) 수요일에는 _____.
4) 목요일에는 _____.
5) 금요일에는 _____.
6) 주말에는 _____.

놀이공원 amusement park   송편 half-moon shaped rice cake

3. 그림을 보고 대화를 완성해 보세요.
Look at the picture and complete the dialogue.

1)
가: 방학에 뭐 할 거예요?
나: 방학에 친구하고 피아노를 <u>배우기로 했어요</u>.

2)
가: 에릭 씨 생일 케이크를 샀어요?
나: 아니요. 이따가 아야나 씨하고 같이 _____.

3)
가: 자밀라 씨, 경복궁에 가서 뭐 할 거예요?
나: 한복을 _____.

4)
가: 왜 이렇게 일찍 일어났어요?
나: 오늘부터 일찍 _____.

5)
가: 올해 어떤 계획을 세웠어요?
나: 올해는 술을 _____.

4. 시험 끝나고 제니 씨와 만나기로 했어요. 다른 친구도 초대해 보세요.
You're planning on meeting Jenny after the test. Invite other classmates.

다니엘 씨, 목요일에 시험 끝나고 제니 씨하고 점심을 먹기로 했어요. 다니엘 씨도 같이 가요.

그래요? 어디에서 먹을 거예요?

점심
• 장소: 서울식당
• 시간: 목요일 1시
• 메뉴: 불고기

영화
• 장소: 강남영화관
• 시간: 토요일 저녁
• 영화: 코미디 영화

이따가 in a little bit   코미디 comedy

문법과 표현 2 동-(으)ㄹ까 하다

1. 빈칸에 알맞게 쓰세요.
Fill in the blanks.

	-(으)ㄹ까 하다		-(으)ㄹ까 하다
먹다	먹을까 하다	운동하다	
읽다		돕다	
가다		듣다	
마시다		만들다	

2. 그림을 보고 대화를 완성해 보세요.
Look at the picture and complete the dialogue.

1)
가: 저녁에 뭐 먹을 거예요?
나: 피자를 <u>먹을까 해요</u>.

2)
가: 주말에 뭐 할 거예요?
나: 골프를 _____.

3)
가: 오후에 뭐 할 거예요?
나: 집에서 쉬면서 음악을 _____.

4)
가: 금요일에 뭐 할 거예요?
나: 토요일이 아야나 씨 생일이라서 케이크를 _____.

5)
가: 오늘 유학생 파티에 갈 거예요?
나: 아니요. 파티를 안 좋아해서 _____.

유학생 international student

3. 그림을 보고 대화를 완성해 보세요.
Look at the picture and complete the dialogue.

1)
가: 점심 먹고 도서관에 <u>갈까 하는데요</u>. 시간이 있으면 같이 가요.
나: 네. 좋아요. 같이 가요.

2)
가: 이 원피스를 _____.
여기에 어떤 구두가 어울릴까요?
나: 밝은색 구두가 잘 어울릴 것 같아요.

3)
가: 제니 씨, 좀 더워서 창문을 _____. 괜찮아요?
나: 네. 여세요. 저도 덥네요.

4)
가: 안나 씨 생일에 뭘 사 줄 거예요?
나: 인형을 _____. 아직 잘 모르겠어요.

5)
가: 주말에 친구하고 영화를 _____.
일이 늦게 끝나서 못 봤어요.
나: 그래요? 그럼 오늘 저하고 같이 볼까요?

4. 친구와 이야기해 보세요.
Talk with your partner.

에릭 씨, 주말에 뭐 할 거예요?

주말에 친구하고 영화를 볼까 해요.

주말   내일   오후   방학

어휘 Vocabulary

1. 알맞은 것을 연결해 보세요.
Match the picture with the appropriate word.

1)
2)
3)
4)
5)

① 초   ② 간식   ③ 풍선   ④ 음료   ⑤ 초대장

2. 그림을 보고 문장을 만들어 보세요.
Look at the picture and create a sentence.

1) 꽃을 가져와요   2) _____
3) _____   4) _____
5) _____   6) _____

3. 그림을 보고 알맞은 것을 골라 대화를 완성해 보세요.
Look at the picture and select the appropriate expression to complete the dialogue.

> 초대장을 쓰다   장을 보다   방을 장식하다   선물을 고르다
> 케이크를 자르다   선물을 풀다   박수를 치다

1)
가: 동아리 행사 날짜를 정했어요?
나: 네. 오늘 ___초대장을 쓸___ 거예요.

2)
가: 지금 뭐 해요?
나: 엥흐 씨 _____고 있어요. 엥흐 씨가 무슨 선물을 좋아할까요?

3)
가: 내일 뭐 해요?
나: 주말에 손님이 오기로 해서 _____(으)ㄹ 거예요.

4)
가: 여러분, 나나 씨가 오면 _____(으)면서 생일 노래를 불러 주세요.
나: 네. 좋아요.

5)
가: 제가 음료수를 가져올게요. 테오 씨는 _____ 아/어 주세요.
나: 네. 칼 좀 주세요.

6)
가: 생일 축하해요! _____ 아/어 보세요.
나: 와, 컵이네요. 정말 고마워요.

7)
가: 방이 예쁘네요! 특별한 일이 있어요?
나: 네. 룸메이트 생일이라서 _____ 았어요/었어요.

동아리 club   행사 event   칼 knife

문법과 표현 3 동-(으)ㄹ 명

1. 빈칸에 알맞게 쓰세요.
Fill in the blanks.

	-(으)ㄹ		-(으)ㄹ
먹다	먹을	하다	
읽다		듣다	
가다		걷다	
쓰다		살다	

2. 그림을 보고 문장을 완성해 보세요.
Look at the picture and complete the sentence.

1)  내일 아침에 <u> 먹을 </u> 빵을 좀 사 오세요.

2)  여행 가서 _____ 옷을 사러 가요.

3)  친구에게 _____ 선물을 포장하고 있어요.

4)  오늘 자기 전에 _____ 음악은 클래식이에요.

5)  다음 주에 _____ 음식은 비빔밥이에요.

 클래식 classic

3. **대화를 완성해 보세요.**
   Complete the dialogue.

   1) 가: 다니엘 씨, 오늘은 왜 책을 안 읽어요?
      나: <u>읽을</u> 책을 안 가져왔어요.

   2) 가: 아침에 지하철에 _____ 자리가 없었어요.
      나: 피곤하지요? 조금 일찍 나오면 앉아서 올 수 있을 거예요.

   3) 가: 우리 저녁에 만날까요?
      나: 미안해요. 시험이 있어서 _____ 시간이 없어요.

   4) 가: 이 근처에 조용히 _____ 곳이 있을까요?
      나: 네. '걷고 싶은 길'에 가 보세요. 꽃도 많고 조용해요.

   5) 가: 한국에서 _____ 집을 찾았어요?
      나: 아직 못 찾았어요. 마음에 드는 곳이 없네요.

4. **그림을 보고 글을 완성해 보세요.**
   Look at the picture and complete the passage.

   이번 주 토요일에 우리 반 친구들을 초대해서 집들이를 1) <u>할</u> 계획입니다. 그래서 해야 2) _____ 일이 많습니다. 오늘은 친구들에게 3) _____ 초대장을 만들었습니다. 금요일에는 집들이에 필요한 것을 사러 마트에 갈 것입니다. 마트에서 집들이 때 4) _____ 음식과 5) _____ 것을 사야 합니다. 그리고 친구들과 같이 6) _____ 게임과 7) _____ 노래도 준비해야 합니다. 토요일 집들이가 정말 재미있을 것 같습니다.

1)
2)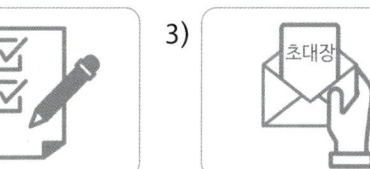
3)
4)
5)
6)
7)

 조용히 quietly

문법과 표현 4 동형 -(으)ㄹ 테니까

1. 빈칸에 알맞게 쓰세요.
Fill in the blanks.

	-(으)ㄹ 테니까		-(으)ㄹ 테니까
먹다	먹을 테니까	작다	
읽다		크다	
가다		예쁘다	
청소하다		빠르다	
듣다		덥다	
만들다		길다	

2. 그림을 보고 대화를 완성해 보세요.
Look at the picture and complete the dialogue.

1)
가: 일이 너무 많아서 집에 못 갈 것 같아요.
나: 제가 <u>도와줄 테니까</u> 걱정하지 마세요.

2)
가: 여기 음식값이 너무 비싼 것 같아요.
나: 제가 _____ 걱정하지 마세요.

3)
가: 비가 오는데요. 우산이 없어요.
나: 제가 _____ 걱정하지 마세요.

4)
가: 이 문제가 너무 어려워요.
나: 제가 _____ 걱정하지 마세요.

5)
가: 오늘 병원에 가기로 했어요. 그런데 혼자 가는 게 무서워요.
나: 제가 같이 _____ 걱정하지 마세요.

3. 그림을 보고 대화를 완성해 보세요.
Look at the picture and complete the dialogue.

1)

　가: 오후에 비가 <u>올 테니까</u> 우산을 가져가세요.
　나: 네. 알겠어요.

2)

　가: 우리 택시를 타고 갈까요?
　나: 이 시간에는 길이 ＿＿＿＿＿＿ 지하철을 탑시다.

3)

　가: 러시아에 가기 전에 뭘 준비해야 해요?
　나: 거기는 한국보다 ＿＿＿＿＿＿ 두꺼운 옷을 준비하세요.

4)

　가: 다니엘 씨가 전화를 안 받네요.
　나: 아직 ＿＿＿＿＿＿ 조금 후에 다시 해 보세요.

5)

　가: 테오 씨가 공항에 도착했을까요?
　나: 아마 ＿＿＿＿＿＿ 전화해 보세요.

4. 생일 파티를 준비하려고 해요. 그림을 보고 친구와 이야기해 보세요.
You're going to throw a birthday party. Look at the picture and talk with your partner.

제가 음료를 살 테니까 크리스 씨는 간식을 준비해 주세요.

네. 제가 간식을 준비할게요.

9 건강한 생활
Healthy Life

- **9-1** 약을 먹는 게 어때요?
- **9-2** 목이 부은 것 같아요

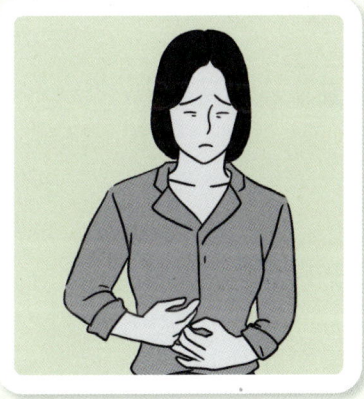

9-1	어휘	증상 ①, 약
	문법과 표현	형-아/어 보이다
		동-는 게 어때요?

9-2	어휘	증상 ②, 병원
	문법과 표현	'ㅅ' 불규칙
		동-(으)ㄴ 것 같다

어휘 Vocabulary

1. 관계가 있는 것을 연결해 보세요.
Match the word with the relevant expression.

1) 연고 •
2) 안약 •
3) 파스 •
4) 소화제 •
5) 반창고 •
6) 감기약 •
7) 두통약 •

• ① 먹어요

• ② 넣어요

• ③ 발라요

• ④ 붙여요

2. 그림을 보고 문장을 만들어 보세요.
Look at the picture and create a sentence.

1)  감기약을 먹어야 합니다.

2) 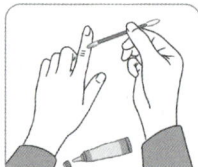 _____.

3)  _____.

4)  _____.

5)  _____.

6) 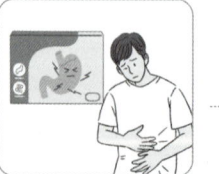 _____.

7) 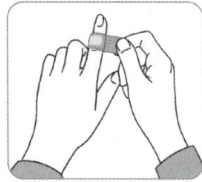 _____.

3. **그림을 보고 알맞은 것을 골라서 대화를 완성해 보세요.**
Look at the picture and select the appropriate expression to complete the dialogue.

| 입맛이 없다 | ⟨잠을 잘 못 자다⟩ | 기운이 없다 |
| 머리가 빠지다 | 살이 찌다 | 살이 빠지다 |

1)
가: 요즘 무슨 고민 있어요?
나: 밤에 <u>잠을 잘 못 자요</u>.

2)
가: 괜찮아요? 어디 아파요?
나: 그냥 _____ 아요/어요.
좀 쉬면 될 것 같아요.

3)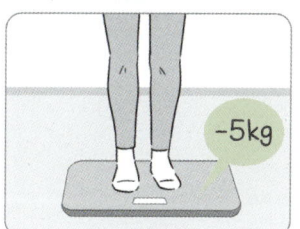
가: 요즘 스트레스를 받아서 _____
았어요/었어요.
나: 걱정이네요. 주말에는 푹 쉬고 맛있는 것도 많이 드세요.

4)
가: 왜 안 드세요? 맛이 없어요?
나: 아니에요. 음식은 맛있어요. 그런데 요즘 걱정이
좀 있어서 _____ 아요/이요.

5)
가: 저녁에 같이 치킨 먹을까요?
나: 미안해요. 전 요즘 _____ 아서/어서
저녁에 많이 먹지 않으려고 해요.

6)
가: 어디가 아파서 오셨어요?
나: 요즘 자꾸 _____ 아요/어요.
어떻게 해야 할까요?

고민 concern 스트레스를 받다 to be stressed 치킨 chicken 자꾸 frequently

문법과 표현 1 형-아/어 보이다

1. 빈칸에 알맞게 쓰세요.
Fill in the blanks.

	-아/어 보이다		-아/어 보이다
좋다	좋아 보이다	건강하다	
비싸다		크다	
길다		맵다	
맛없다		다르다	

2. 그림을 보고 문장을 완성해 보세요.
Look at the picture and create a sentence.

1)  가구가 없으니까 넓어 보여요 .

2)  앞머리가 있으니까 _____ .

3)  안경을 쓰니까 _____ .

4)  구두를 신으니까 _____ .

5)  그림이 있으니까 _____ .

  가구 furniture   앞머리 bangs

3. 그림을 보고 대화를 완성해 보세요.
Look at the picture and complete the dialogue.

1)
   가: 기분이 좋아 보여요.
   나: 네. 부모님이 오늘 한국에 오세요.

2)
   가: 어제 만든 케이크인데 한번 먹어 보세요.
   나: _____. 잘 먹을게요.

3)
   가: 오늘 _____.
   나: 네. 해야 할 일이 너무 많아서 잠을 못 잤어요.

4)
   가: 우리 떡볶이 먹을까요?
   나: _____. 전 매운 음식을 먹으면 배가 아파요.

5)
   가: 가방이 _____. 도와드릴까요?
   나: 네. 감사합니다.

4. 강아지들이 어때 보여요? 그림을 보고 친구와 이야기해 보세요.
How do the puppies look? Look at the picture and talk with your partner.

즐거워 보여요.

문법과 표현 2 동-는 게 어때요?

1. 빈칸에 알맞게 쓰세요.
Fill in the blanks.

	-는 게 어때요?		-는 게 어때요?
먹다	먹는 게 어때요?	사다	
읽다		연습하다	
입다		만들다	
가다		살다	

2. 알맞은 것을 골라서 대화를 만들어 보세요.
Select the appropriate expression to create a dialogue.

> 두통약을 먹다   과일을 먹다   창문을 열다
> 반창고를 붙이다   한국 친구를 사귀다

1) 가: 머리가 아파요.
   나: 두통약을 먹는 게 어때요 ?

2) 가: 피가 나요.
   나: _____?

3) 가: 요즘 입맛이 없어요.
   나: _____?

4) 가: 한국어를 연습하고 싶어요.
   나: _____?

5) 가: 방이 너무 더워요.
   나: _____?

피가 나다 to bleed

3. 그림을 보고 대화를 완성해 보세요.
Look at the picture and complete the dialogue.

1)

가: 요즘 잠도 잘 못 자고 입맛도 없어요.
나: 그럼 병원에 한번 <u>가 보는 게 어때요</u>?

2)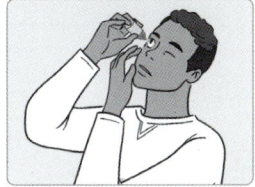

가: 나나 씨가 왜 학교에 안 왔는지 아세요?
나: 글쎄요. 나나 씨한테 _____?

3)

가: 눈이 건조해서 아파요.
나: 그럼 _____?

4)

가: 요즘 머리가 자꾸 빠져요.
나: 그럼 이 샴푸를 _____?

5)

가: 머리 스타일을 바꾸고 싶어요. 저한테 어떤 머리가 어울릴 것 같아요?
나: 머리를 좀 _____?

4. 여러분의 고민을 쓰고 친구와 이야기해 보세요.
Write down your concerns and talk with your partner.

나의 고민: 요즘 잠을 잘 못 자요.

요즘 잠을 잘 못 자요.

그럼 커피를 줄이는 게 어때요?

자기 전에 조용한 음악을 들어 보는 게 어때요?

나의 고민 _____

 건조하다 to be dry   줄이다 to reduce

어휘 Vocabulary

1. 알맞은 것을 연결하고 가야 하는 병원을 골라서 쓰세요.
Match the picture with the appropriate expression and select the hospital they need to visit.

내과   피부과   치과   이비인후과   정형외과   안과

1) • ① 목이 붓다 ➡ ☐

2) • ② 이가 아프다 ➡ 치과

3) • ③ 팔을 다치다 ➡ ☐

4) • ④ 배탈이 나다 ➡ ☐

5) • ⑤ 눈이 잘 안 보이다 ➡ ☐

6) • ⑥ 얼굴에 뭐가 나다 ➡ ☐

2. 그림을 보고 알맞은 것을 골라서 대화를 완성해 보세요.
Look at the picture and select the appropriate expression to complete the dialogue.

> 토하다   눈이 잘 안 보이다   배탈이 나다
> (붓다)   소화가 안 되다   어지럽다   뭐가 나다

1)
가: 요즘 목이 자주 __붓고__ 아파요.
나: 그래요? '아' 해 보세요.

2)
가: 어디가 아프세요?
나: 점심에 해산물을 먹었어요. 그때부터 계속 _____(으)ㄹ 것 같아요.

3)
가: 요즘 자꾸 얼굴에 _____ 아서/어서 스트레스를 받아요.
나: 학교 앞 피부과에 한번 가 보세요.

4)
가: 선생님, 늦어서 죄송해요. _____ 아서/어서 화장실에 갔다 왔어요.
나: 지금은 괜찮아요?

5)
가: 좀 _____ 아요/어요. 우리 잠깐 쉴까요?
나: 네. 여기에 앉아서 물을 좀 드셔 보세요.

6)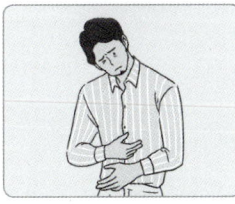
가: 무슨 약이에요? 어디 아파요?
나: 소화제예요. 점심을 먹고 나서부터 _____ 아요/어요.

7)
가: 어떻게 오셨어요?
나: 얼마 전부터 _____ 아서/어서 왔어요. 안경이 필요한 것 같아요.

해산물 seafood

문법과 표현 3 'ㅅ' 불규칙

1. 빈칸에 알맞게 쓰세요.
Fill in the blanks.

	-아요/어요	-습니다/ㅂ니다	-(으)니까	-아서/어서	-(으)ㄴ데요/는데요
낫다	나아요				
짓다		짓습니다			
붓다			부으니까		
젓다				저어서	
웃다	웃어요				
씻다			씻으니까		

2. 그림을 보고 알맞은 것을 골라서 문장을 완성해 보세요.
Look at the picture and select the appropriate word to complete the sentence.

> 낫다   짓다   붓다   젓다

1) 감기에 걸려서 아팠지만 다 <u>나았어요</u>.

2) 지하철역 앞에 새로 건물을 _____.

3) 어젯밤에 울어서 눈이 _____.

4) 커피에 설탕을 넣고 잘 _____.

 낫다 to recover   짓다 to build   젓다 to stir   새로 newly   설탕 sugar

3. 그림을 보고 알맞은 것을 골라서 대화를 완성해 보세요.
Look at the picture and select the appropriate word to complete the dialogue.

| 낫다 | 짓다 | (붓다) | 젓다 | 웃다 | 씻다 |

1) 가: 테오 씨, 얼굴이 <u>부었어요</u>.
   나: 네. 이가 아파서 병원에 갔다 왔어요.

2) 가: 마리 씨, 몸은 좀 어때요?
   나: 다 _____ 았어요/었어요. 걱정해 줘서 고마워요.

3) 가: 국이 좀 싱거워요.
   나: 소금을 넣고 잘 _____ 아서/어서 드시면 돼요.

4) 가: 이름이 참 예쁘네요.
   나: 감사합니다. 할머니가 _____ 아/어 주셨어요.

5) 가: 이 영화 정말 재미있었지요?
   나: 네. 너무 _____ 아서/어서 아직도 배가 아파요.

6) 가: 제가 과일을 _____ (으)ㄹ 테니까 자밀라 씨는 케이크를 잘라 주세요.
   나: 네. 알겠어요.

 국 soup

문법과 표현 4 동-(으)ㄴ 것 같다

1. 빈칸에 알맞게 쓰세요.
Fill in the blanks.

	-(으)ㄴ 것 같다		-(으)ㄴ 것 같다
먹다	먹은 것 같다	듣다	
읽다		만들다	
가다		붓다	
돕다		낫다	

2. 그림을 보고 문장을 완성해 보세요.
Look at the picture and complete the sentence.

1) 아이가 아이스크림을 <u>먹은 것 같아요</u>.

2)  닛쿤 씨가 학교에 _____.

3)  조금 전에 청소를 _____.

4) 테오 씨는 배탈이 _____.

5)  제니 씨가 케이크를 _____.

3. 그림을 보고 대화를 완성해 보세요.
Look at the picture and complete the dialogue.

1)
가: 테오 씨 기분이 좋아 보여요.
나: 네. 시험을 잘 본 것 같아요   .

2)
가: 소금을 너무 많이   .
나: 괜찮아요. 그럼 물을 더 넣으면 돼요.

3)
가: 제니 씨하고 나나 씨가 서로 말을 안 하네요.
나: 네. 둘이 어제   .

4)
가: 유진 씨 눈이 부었네요.
나: 아까 영화를 보면서   .

5)
가: 크리스 씨가 집에 갔어요?
나: 아니요.   .

4. 무슨 일이 있었을까요? 그림을 보고 친구와 이야기해 보세요.
What do you think happened? Look at the picture and talk with your partner.

배탈이 난 것 같아요.

서로 each other

9-2. 목이 부은 것 같아요

복습 3

어휘 Vocabulary

🖉 아는 단어에 ✔ 하세요.

7단원

지하도 ☐	육교 ☐	유턴하다 ☐
신호등 ☐	직진하다 ☐	지나다 ☐
횡단보도 ☐	좌회전하다 ☐	세우다 ☐
사거리 ☐	우회전하다 ☐	

왼쪽으로 돌아가다 ☐	건너다 ☐	주차장 ☐
오른쪽으로 돌아가다 ☐	출구 ☐	맞은편 ☐
쭉 가다 ☐	입구 ☐	호선 ☐

8단원

이사하다 ☐	집들이 ☐	날짜 ☐
환영하다 ☐	환영회 ☐	장소 ☐
떠나다 ☐	송별회 ☐	정하다 ☐
		모이다 ☐

초대장을 쓰다 ☐	간식 ☐	촛불을 켜다 ☐
장을 보다 ☐	음료 ☐	촛불을 끄다 ☐
방을 장식하다 ☐	풍선 ☐	케이크를 자르다 ☐
선물을 고르다 ☐	초 ☐	선물을 풀다 ☐
가져가다/가져오다 ☐		박수를 치다 ☐

9단원

입맛이 없다 ☐	살이 빠지다 ☐	안약 ☐
잠을 잘 못 자다 ☐	소화제 ☐	파스 ☐
기운이 없다 ☐	감기약 ☐	반창고 ☐
머리가 빠지다 ☐	두통약 ☐	바르다 ☐
살이 찌다 ☐	연고 ☐	

내과 ☐	안과 ☐	뭐가 나다 ☐
피부과 ☐	소화가 안 되다 ☐	붓다 ☐
치과 ☐	배탈이 나다 ☐	어지럽다 ☐
이비인후과 ☐	토하다 ☐	눈이 잘 안 보이다 ☐
정형외과 ☐	다치다 ☐	

[1~2] 밑줄 친 것과 의미가 같은 것을 고르세요.

1.
> 가: 저는 뭘 준비할까요?
> 나: <u>마실 것</u>을 좀 준비해 주세요.

① 간식　　② 음료　　③ 선물　　④ 풍선

2.
> 가: 어디에 세워 드릴까요?
> 나: 사거리에서 <u>오른쪽으로 돌아가서</u> 지하철역 앞에 세워 주세요.

① 지나서　　② 직진해서　　③ 우회전해서　　④ 좌회전해서

[3~4] 밑줄 친 것과 의미가 반대되는 것을 고르세요.

3.
> 가: 불을 <u>끄</u>니까 방이 너무 어둡네요.
> 나: 그럼 다시 불을 (　　)?

① 열까요　　② 칠까요　　③ 켤까요　　④ 풀까요

4.
> 가: 민우 씨, 살이 많이 <u>빠진</u> 것 같아요. 어디 아파요?
> 나: 아니요. 살이 좀 (　　) 것 같아서 요즘 운동을 하고 있어요.

① 난　　② 찐　　③ 부은　　④ 없는

[5~7] (　　)에 들어갈 가장 알맞은 것을 고르세요.

5.
> 가: 모임 (　　)이/가 며칠인지 알아요?
> 나: 이번 달 7일이에요.

① 날짜　　② 장소　　③ 시간　　④ 요일

6.
> 가: 머리가 좀 아파서 왔는데요.
> 나: 그럼 이 (　　)을/를 드셔 보세요.

① 소화제　　② 감기약　　③ 두통약　　④ 반창고

7.
> 가: 우체국이 어디에 있어요?
> 나: (　　)을/를 건너서 오른쪽으로 쭉 가면 있어요.

① 신호등　　② 주차장　　③ 맞은편　　④ 횡단보도

문법과 표현
Grammar & Expression

7단원

동 형 -(으)ㄹ까요?	이 옷이 아야나 씨에게 **클까요**?
동 형 -(으)ㄹ 것 같다 명 일 것 같다	눈이 와서 길이 **막힐 것 같아요**. 저기는 **카페일 것 같아요**.
동 -는지 알다/모르다 명 인지 알다/모르다	비행기가 몇 시에 **도착하는지 아세요**? 도서관이 **어디인지 몰라요**.
동 -다가	숙제를 **하다가** 피곤해서 잤어요.

8단원

동 -기로 하다	방학에 친구들과 여행 **가기로 했어요**.
동 -(으)ㄹ까 하다	오후에 쇼핑하러 **갈까 해요**.
동 -(으)ㄹ 명	점심에 **먹을 김밥**을 사러 편의점에 가요.
동 형 -(으)ㄹ 테니까	내가 **도와줄 테니까** 걱정하지 마세요. 비가 **올 테니까** 우산을 가져가세요.

9단원

형 -아/어 보이다	가방이 **무거워 보이네요**. 도와줄까요?
동 -는 게 어때요?	잠이 안 오면 따뜻한 우유를 **마셔 보는 게 어때요**?
'ㅅ' 불규칙	약을 먹고 감기가 다 **나았어요**.
동 -(으)ㄴ 것 같다	엥흐 씨가 집에 **간 것 같아요**.

복습 3

[1~2] ( )에 들어갈 가장 알맞은 것을 고르세요.

1. 가: 내일 쇼핑하러 갈까요?
   나: 요즘 바빠서 (   ) 시간이 없어요.

   ① 쇼핑한　　　② 쇼핑할　　　③ 쇼핑하는　　　④ 쇼핑하는지

2. 가: 어지럽고 토할 것 같아요.
   나: 병원에 (   ) 어때요?

   ① 간 것　　　② 가다가　　　③ 갈 테니까　　　④ 가는 게

[3~6] 밑줄 친 부분을 맞게 고쳐 보세요.

3. 눈이 <u>붓은</u> 것 같아요. ➡ _____

4. 방학에 여행을 가기로 <u>할 거예요</u>. ➡ _____

5. 크리스 씨가 지난 방학에 어디에 <u>간지</u> 알아요? ➡ _____

6. 어제 병원에 <u>갔을까</u> 했지만 시간이 없어서 못 갔어요. ➡ _____

[7~10] 알맞은 것을 골라 대화를 만들어 보세요.

> -(으)ㄹ 것 같다　　-는지 알다/모르다　　-는 게 어때요?　　-기로 하다　　(으)ㄴ 것 같다

7. 가: 교통 카드를 어디에서 팔아요?
   나: 글쎄요, _____.

8. 가: 방학 계획을 세웠어요?
   나: _____.

9. 가: 요즘 계속 얼굴에 뭐가 나요.
   나: _____?

10. 가: 오늘 나나 씨가 기분이 안 좋은 것 같아요.
    나: _____.

듣기 Listening

[1~2] 다음 대화를 듣고 알맞은 그림을 고르세요.

1. ①  ②
   ③  ④

2. ①  ②
   ③  ④

복습 3

[3~6] 다음을 듣고 이어지는 말을 고르세요.

3. ① 네. 제가 다 한 것 같아요.　　② 제가 뭘 도와주면 좋을까요?
　　③ 그럼 장식하는 것을 좀 도와주세요.　　④ 아니요. 어제 파티 준비를 하다가 갔어요.

4. ① 약을 먹을까 해요.　　② 피부과에 가기로 했어요.
　　③ 그럼 병원에 가 보는 게 어때요?　　④ 병원에 갈 테니까 걱정하지 마세요.

5. ① 에릭 씨를 만나기로 해서요.　　② 에릭 씨를 곧 찾을 것 같아요.
　　③ 에릭 씨를 찾다가 학교에 갔어요.　　④ 에릭 씨가 어디에 있는지 알아서요.

6. ① 토요일에 만난 것 같아요.　　② 네. 요즘 아주 바빠 보여요.
　　③ 우리 집에서 집들이를 할까 해요.　　④ 시간이 있을 테니까 걱정하지 마세요.

[7~8] 다음은 무엇에 대해 말하고 있습니까? 알맞은 것을 고르세요.

7. ① 고민　　② 교통　　③ 약속　　④ 증상

8. ① 모임 날짜　　② 모임 시간　　③ 모임 목적　　④ 모임 장소

[9~11] 다음을 듣고 들은 내용과 같은 것을 고르세요.

9. ① 사거리를 지나면 영화관이 있습니다.　　② 두 사람은 지하철역 앞에서 만났습니다.
　　③ 두 사람은 오늘 영화를 보기로 했습니다.　　④ 두 사람은 지금 버스를 기다리고 있습니다.

10. ① 남자는 동영상을 만들 것입니다.　　② 남자는 특별한 선물을 받았습니다.
　　③ 남자는 고향에 돌아가기로 했습니다.　　④ 남자는 친구에게 줄 선물을 샀습니다.

내려가다 to go down

11. ① 이번 역에서 왼쪽 문으로 내려야 합니다.
    ② 사람들은 이번 역에서 모두 내려야 합니다.
    ③ 이 방송은 케이티엑스(KTX) 안내 방송입니다.
    ④ 공항에 가고 싶으면 이번 역에서 갈아타야 합니다.

[12~13] **다음을 듣고 물음에 답하세요.**

12. 여자는 무엇을 할 것입니까?
    ① 남자에게 고민을 말할 것입니다.
    ② 남자와 같이 병원에 갈 것입니다.
    ③ 남자와 만나서 밥을 먹을 것입니다.
    ④ 남자에게 병원이 어디인지 알려줄 것입니다.

13. 들은 내용과 같은 것을 고르세요.
    ① 남자는 요즘 살이 많이 빠졌습니다.
    ② 남자는 한국에서 병원에 가 봤습니다.
    ③ 남자는 한 달 동안 입맛이 없었습니다.
    ④ 남자는 고민이 있어서 밥을 못 먹었습니다.

[14~15] **다음을 듣고 물음에 답하세요.**

14. 여자는 왜 남자에게 전화를 했습니까?
    ① 남자와 지하도에서 만나려고
    ② 남자와 박물관에 가고 싶어서
    ③ 남자가 박물관에 오지 않아서
    ④ 박물관에 가는 길을 물어보려고

15. 들은 내용과 같은 것을 고르세요.
    ① 여자는 2번 출구로 나갔습니다.
    ② 박물관은 이촌역 근처에 있습니다.
    ③ 여자는 남자보다 먼저 도착했습니다.
    ④ 남자는 지하철에서 전화를 받았습니다.

공항철도 airport railroad   께서 honorific subject particle   이촌역 Ichon Station

읽기 Reading

[1~3] 다음을 읽고 맞지 않는 것을 고르세요.

1.

진료 시간 안내

	진료 시간	월	화	수	목	금
내과	오전 9:00~12:00	●	●	●	●	●
	오후 2:00~5:30	●		●		
정형외과	오전 9:00~12:00		●		●	
	오후 2:00~5:30		●		●	

* 홈페이지에서 예약할 수 있습니다.
* 예약하지 않으면 오랫동안 기다릴 수 있습니다.

① 내과는 평일 오전에 문을 엽니다.
② 오후에는 2시부터 진료를 받을 수 있습니다.
③ 예약을 하지 않으면 진료를 받을 수 없습니다.
④ 무릎이 아프면 화요일이나 목요일에 가야 합니다.

2.

생일 파티 한 시간 전! ♥
제니 씨에게 줄 선물들이에요. 선물을 풀어 보면서 좋아할 제니 씨를 생각하면 벌써 기분이 좋아요. 😊
#제니 씨는 오늘 우리가 뭘 하는지 몰라요 😊
#제니 씨가 깜짝 놀랄 것 같아요.

♡ ◯ ▽ 좋아요 101개

😊 댓글 달기...   게시

① 제니가 오기 전에 사진을 찍었습니다.
② 제니의 생일 파티는 한 시간 후에 시작합니다.
③ 제니는 친구들이 준 선물이 마음에 들었습니다.
④ 제니에게 생일 파티 계획을 말하지 않았습니다.

 진료 (medical) treatment

3.

유진: 하이 씨, 병원 잘 찾았어요?

하이: 지금 여의도역인데요. 몇 번 출구로 나가야 하는지 모르겠어요.

유진: 1번 출구로 나가서 쭉 가다가 사거리에서 횡단보도를 건너세요. 그럼 바로 앞에 병원이 보일 거예요.

하이: 네. 알겠어요. 고마워요.

① 하이는 지금 여의도역에 있습니다.
② 유진은 병원에 어떻게 가는지 압니다.
③ 두 사람은 병원에 같이 가기로 했습니다.
④ 하이는 지하철역 1번 출구로 나갈 것입니다.

[4~5] 다음을 읽고 순서가 알맞은 것을 고르세요.

4.
(가) 서울식당은 사당역 근처에 있습니다.
(나) 이번 모임의 장소는 서울식당입니다.
(다) 사당역 1번 출구로 나가서 쭉 가면 사거리가 나옵니다.
(라) 사거리에서 횡단보도를 건너면 바로 앞에 서울식당이 보입니다.

① (가) - (나) - (라) - (다)
② (가) - (다) - (라) - (나)
③ (나) - (가) - (다) - (라)
④ (나) - (다) - (가) - (라)

5.
(가) 그래서 내일 피부과에 갈까 합니다.
(나) 얼굴에 자꾸 뭐가 나서 약국에 갔습니다.
(다) 그런데 그 연고를 바른 후에도 낫지 않았습니다.
(라) 약사가 제 얼굴을 보고 연고를 하나 줘서 그것을 샀습니다.

① (나) - (라) - (가) - (다)
② (나) - (라) - (다) - (가)
③ (라) - (나) - (다) - (가)
④ (라) - (다) - (가) - (나)

[6~7] 다음을 읽고 중심 생각을 고르세요.

6.

> 저는 자주 산책을 합니다. 기운이 없거나 잠이 안 오면 가까운 공원에 가서 걷습니다. 걷고 나면 힘이 나고 잠도 잘 옵니다. 그런데 요즘 다리를 다쳐서 걸을 수 없습니다. 빨리 나아서 다시 걷고 싶습니다.

① 다시 산책을 하고 싶습니다.
② 산책을 하면 잠을 잘 수 있습니다.
③ 저는 공원에 가는 것을 좋아합니다.
④ 다리를 다쳐서 산책을 할 수 없습니다.

7.

> 버스를 타면 가끔 길이 막혀서 시간이 오래 걸립니다. 하지만 지하철은 항상 같은 시간에 도착합니다. 그리고 저는 버스를 오래 타면 가끔 어지럽고 토할 것 같습니다. 그래서 저는 지하철을 더 자주 탑니다.

① 저는 늦는 것을 좋아하지 않습니다.
② 저는 지하철을 더 자주 타기로 했습니다.
③ 버스를 타면 가끔 약속 시간에 늦습니다.
④ 저는 버스보다 지하철 타는 것을 좋아합니다.

[8~9] 다음을 읽고 (　)에 들어갈 알맞은 말을 고르세요.

8.

> 동호회 회원 여러분, 환영합니다.
> 이번 주 토요일 저녁 7시에 '맛있는 치킨'에서 새로 오신 분들을 위한 환영회를 하기로 했습니다. '맛있는 치킨'에 (　　　)온 6시 반까지 학교 앞으로 오세요. 만나서 같이 식당에 갑시다. 회원 여러분이 많이 오시면 정말 좋을 것 같습니다. 기다릴 테니까 꼭 오세요.

① 처음이신 분
② 모르시는 분
③ 함께 가실 분
④ 좋아하시는 분

9.

> 저는 히얌이라고 합니다. 제 이름은 우리 나라 말로 '사랑'이라는 뜻입니다. 우리 할아버지가 지어 주셨습니다. 사람들이 (　　　　) 사랑을 받는 것 같아서 항상 기분이 좋습니다. 그래서 저는 한국 이름도 '사랑'이라고 지었습니다. 한국 친구들이 제 이름을 많이 불러 주면 한국 생활이 더 행복할 것 같습니다.

① 제 이름을 부르면
② 저를 사랑해 주면
③ 좋은 이름을 지으면
④ 제 이름을 지어 주면

[10~11] 다음을 읽고 물음에 답하세요.

> 저와 룸메이트는 이번 주까지 기숙사에 살 수 있습니다. 그래서 우리는 ㉠ **떠나기 전에** 둘만의 작은 송별회를 하기로 했습니다. 우리는 좋아하는 음식을 만들어 먹으면서 이곳에서 함께 한 일들을 이야기했습니다. 그리고 떠나는 날에 많이 슬플 것 같지만 울지 않기로 약속했습니다. 이제 혼자 살면 룸메이트가 자주 생각날 것 같습니다.

10. ㉠과 바꾸어 쓸 수 있는 말을 고르세요.

    ① 이사하기 전에
    ② 출발하기 전에
    ③ 함께 살기 전에
    ④ 기숙사에 살기 전에

11. 이 글의 내용과 같은 것을 고르세요.

    ① 이 사람은 송별회를 하면서 울었습니다.
    ② 이 사람은 이제 기숙사에서 나가야 합니다.
    ③ 이 사람은 다른 사람과 같이 살기로 했습니다.
    ④ 이 사람은 친구들을 초대해서 송별회를 했습니다.

[12~13] 다음을 읽고 물음에 답하세요.

> 저는 박수 치는 것을 아주 좋아합니다. 우리는 보통 좋은 일이 있거나 다른 사람을 축하해 주고 싶으면 박수를 칩니다. 그리고 힘든 일을 끝내고 나서 함께 일한 사람들과 같이 박수를 칩니다. 저는 박수를 치면 이런 좋은 일들이 생각납니다. (㉠) 저는 기운이 없거나 스트레스를 받으면 혼자 박수를 칩니다. (㉡) 힘이 나고 스트레스가 풀리는 것 같습니다.

12. ㉠과 ㉡에 들어갈 알맞은 말을 고르세요.

    ① ㉠ 그러면 - ㉡ 그래서
    ② ㉠ 그래서 - ㉡ 그러면
    ③ ㉠ 그리고 - ㉡ 그렇지만
    ④ ㉠ 그렇지만 - ㉡ 그리고

13. 이 글의 내용과 같은 것을 고르세요.

① 박수를 치면 좋은 일이 생깁니다.
② 이 사람은 기운이 없으면 박수를 칩니다.
③ 사람들은 스트레스를 받으면 박수를 칩니다.
④ 힘든 일을 끝내고 싶으면 박수를 쳐야 합니다.

[14~15] 다음을 읽고 물음에 답하세요.

> 저는 지난주에 병원에 갔습니다. 눈이 붓고 아파서 안과에 갔습니다. (㉠) 저는 외국에서 병원에 가는 것이 처음이라서 가기 전에 걱정을 많이 했습니다. (㉡) 하지만 의사 선생님이 천천히 말씀해 주시고 아주 친절하셨습니다. (㉢) 이틀 동안 안약을 넣어 보고 안 나으면 다시 병원에 가기로 했습니다. (㉣) 이제는 병원에 가는 것이 무섭지 않을 것 같습니다.

14. 다음 문장이 들어갈 곳을 고르세요.

> 치료를 받은 후에 약을 받았습니다.

① ㉠   ② ㉡   ③ ㉢   ④ ㉣

15. 이 글의 내용과 같은 것을 고르세요.

① 이 사람은 눈이 안 보여서 안과에 갔습니다.
② 이 사람이 만난 의사 선생님은 무서웠습니다.
③ 이 사람은 2일 동안 안약을 넣고 나았습니다.
④ 이 사람은 외국에서 병원에 처음 가 봤습니다.

쓰기 Writing

✏️ 질문을 잘 읽고 200~300자로 글을 쓰세요.

> 여러분은 언제, 어디가, 어떻게 아팠습니까? 어느 병원에 갔습니까?
> 어떤 치료를 받았습니까?

💡 글을 다 썼어요?
다시 한번 읽어 보세요.

말하기 Speaking

복습 ③

1. 문법을 사용해서 친구와 이야기해 보세요.

동형-(으)ㄹ까요?
1) ___ 씨 생일에 책을 선물하는 게 어때요?
2) 우리 주말에 영화 보러 가요.

동형-(으)ㄹ 것 같다, 명일 것 같다
3) 내일 날씨가 어떨까요?
4) ___ 씨가 떡볶이를 좋아할까요?

동-는지 알다/모르다, 명인지 알다/모르다
5) ___ 씨가 왜 한국어를 배워요? 알아요?
6) 모임 시간이 언제예요? 알아요?

동-다가
7) 은행에 어떻게 가는지 알아요?
8) 숙제 다 했어요?

동-기로 하다
9) 주말에 약속 있어요?
10) 방학에 특별한 계획이 있어요?

동-(으)ㄹ까 하다
11) 오늘 점심에 뭐 먹으려고 해요?
12) 수업 듣고 나서 뭐 할 거예요?

동-(으)ㄹ 명
13) 시장에 뭘 사러 가요?
14) 왜 이렇게 늦게 퇴근했어요?

동형-(으)ㄹ 테니까
15) 우리 같이 청소하는 게 어때요?
16) 지금 버스로 가면 늦을까요?

형-아/어 보이다
17) 제가 만든 김밥이에요. 먹어 보세요.
18) 오늘 ___ 씨 기분이 어떤 것 같아요?

동-는 게 어때요?
19) 어지럽고 토할 것 같아요.
20) 요즘 너무 심심해요.

'ㅅ' 불규칙
21) 어디가 아파서 오셨어요?
22) 이름이 예쁘네요. 누가 지어 주셨어요?

동-(으)ㄴ 것 같다
23) ___ 씨는 어디에 갔어요?
24) 오늘 ___ 씨의 기분이 좋아 보이네요.

복습 3 **183**

2. 그림을 보고 이야기를 만들어 보세요.

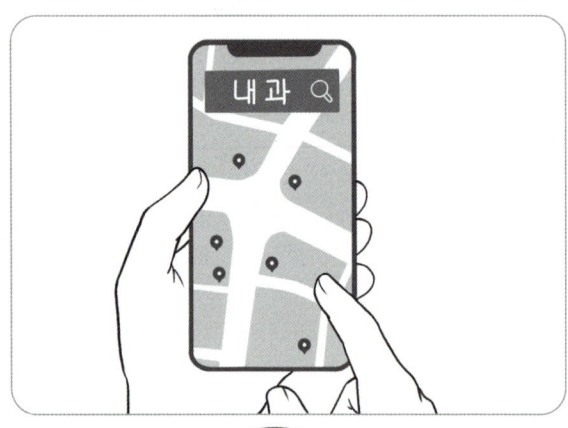
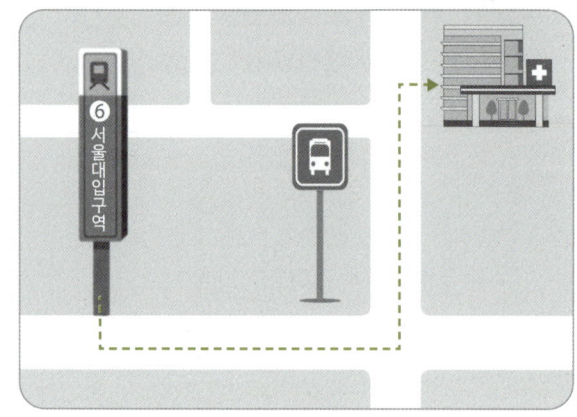

- ☐ 동 형 -(으)ㄹ까요?
- ☐ 동 형 -(으)ㄹ 것 같다, 명 일 것 같다
- ☐ 동 -는지 알다/모르다, 명 인지 알다/모르다
- ☐ 동 -다가
- ☐ 동 -기로 하다
- ☐ 동 -(으)ㄹ까 하다
- ☐ 동 -(으)ㄹ 명
- ☐ 동 형 -(으)ㄹ 테니까
- ☐ 형 -아/어 보이다
- ☐ 동 -는 게 어때요?
- ☐ 'ㅅ' 불규칙
- ☐ 동 -(으)ㄴ 것 같다

발음 Pronunciation

7단원

모음 사이나 받침 'ㄴ, ㄹ, ㅁ, ㅇ' 뒤의 'ㅎ'은 약하게 발음하는 경향이 있습니다.

은행 앞에 세워 주세요.
[으냉]

우회전해서 내려 주세요.
[우회전애서]

🎧 잘 듣고 따라 해 보세요.

❶ **방학**에 **고향**에 갔다 올까 해요.

❷ **공항**에 어떻게 가는지 알아요?

8단원

받침 'ㄷ, ㅌ'은 '이, 여' 앞에서 [ㅈ, ㅊ]로 발음합니다.

날씨가 좋으니까 **같이** 산책해요.
　　　　　　　　[가치]

봉투에 우표를 **붙이세요**.
　　　　　　　[부치세요]

🎧 잘 듣고 따라 해 보세요.

❶ 우표를 어디에 **붙여야** 돼요?

❷ 공부는 **끝이** 없어요.

9단원

받침 'ㅎ'은 뒤에 오는 'ㄱ, ㄷ, ㅈ'과 합쳐져서 [ㅋ, ㅌ, ㅊ]로 발음합니다.

강남에 **어떻게** 가는지 아세요?
　　　[어떠케]

이 식당은 싸지 **않지만** 맛있어요.
　　　　　　　[안치만]

🎧 잘 듣고 따라 해 보세요.

❶ 안약을 **넣고** 나서 주무세요.

❷ 밤에 많이 먹지 **않기로** 했어요.

🎧 잘 듣고 따라 해 보세요.

❶ 가: 방학에 같이 여행할까요?
　　나: 미안해요. 아르바이트를 하기로 했어요.

❷ 가: 왜 이렇게 늦었어요?
　　나: 집에 휴대폰을 놓고 와서 다시 갔다 왔어요.

복습 1

[1~2] 다음 대화를 듣고 알맞은 그림을 고르세요.

❶ 여: 안녕하세요. 저는 이유진이라고 합니다.
   남: 처음 뵙겠습니다. 저는 테오입니다.
   여: 만나서 반가워요, 테오 씨.

❷ 남: 지연 씨는 낚시를 참 잘하네요.
   여: 네. 아버지가 낚시를 가르쳐 주셨어요. 저는 낚시하는 걸 아주 좋아해요.

[3~6] 다음을 듣고 이어지는 말을 고르세요.

❸ 남: 마리 씨, 지금 뭘 보고 있어요?
   여: 요리 프로그램을 보고 있어요.
   남: 그래요? 마리 씨는 요리하는 것을 좋아해요?

❹ 여: 방학에 뭐 했어요?
   남: 부산으로 여행을 갔다 왔어요.
   여: 부산에서 생선회를 먹어 봤어요?

❺ 남: 성함이 어떻게 되십니까?
   여: 스즈키 마리코라고 합니다.
   남: 한국에 오신 목적이 무엇입니까?

❻ 여: 에릭 씨는 주말에 보통 뭐 해요?
   남: 저는 친구들과 함께 축구를 해요. 안나 씨는요?

[7~8] 다음은 무엇에 대해 말하고 있습니까? 알맞은 것을 고르세요.

❼ 남: 아야나 씨는 왜 한국어를 공부해요?
   여: 저는 고향에 있는 한국 회사에 취직하려고 한국어를 공부해요.

❽ 여: 우리 일본에 가면 전통 시장에 가 볼까요?
   남: 좋아요. 숙소에서 가까운 곳에 전통 시장이 있으니까 거기에 가 봐요.

[9~11] 다음을 듣고 들은 내용과 같은 것을 고르세요.

❾ 여: 다니엘 씨, 이게 뭐예요?
   남: 이건 한국의 전통 옷이에요. 한복이라고 해요.
   여: 한복이요? 정말 예쁘네요.
   남: 그렇죠? 친구에게 선물하려고 샀어요. 고향 친구가 다음 주에 한국으로 여행을 올 거예요.
   여: 다니엘 씨는 정말 좋은 친구네요!

❿ 남: 어서 오세요.
   여: 강릉으로 1박 2일 동안 여행을 가려고 해요.
   남: 그럼 이 상품은 어떠세요? 한 분에 8만 원인데 기차표와 숙박비가 포함되어 있습니다.
   여: 좋네요. 두 명 예약해 주세요.

⓫ 여: 닛쿤 씨 고향은 어떤 곳이에요?
   남: 작은 섬인데 바다가 깨끗하고 아름다운 곳이에요.
   여: 그래요? 저도 한번 가 보고 싶네요.
   남: 그런데 제니 씨는 혹시 스쿠버 다이빙을 할 줄 아세요?
   여: 네. 스쿠버 다이빙 하는 것을 아주 좋아해요.
   남: 그럼 12월이나 1월에 한번 가 보세요. 그때 날씨가 좋아서 사람들이 스쿠버 다이빙을 하러 많이 가요.

[12~13] 다음을 듣고 물음에 답하세요.

남: 여기 기타 동호회지요? 가입하고 싶어서 왔어요.
여: 네. 반갑습니다. 이쪽으로 앉으세요. 기타는 칠 줄 아세요?
남: 네. 저는 오랫동안 기타를 쳤어요. 공연도 해 봤고요.
여: 와, 잘됐네요. 저희도 매년 공연을 해요. 가입 전에 궁금한 거 있으세요?
남: 네. 회비는 어떻게 돼요?
여: 연습실 사용 요금을 포함해서 한 달에 3만 원이에요.
남: 그런데 모임은 언제 해요? 제가 회사에 다녀서 평일에는 시간이 없어요.
여: 저희는 보통 토요일이나 일요일에 만나요.
남: 좋네요. 지금 가입할 수 있어요?
여: 네. 이 신청서를 써 주세요.

[14~15] 다음을 듣고 물음에 답하세요.

여: 어서 오세요.
남: 안녕하세요. 아르바이트 광고를 보고 왔습니다.
여: 아, 네. 안녕하세요? 성함이 어떻게 되세요?
남: 저는 다니엘이라고 합니다. 미국에서 왔습니다.
여: 한국말을 잘하시네요. 한국에 얼마 동안 살았어요?
남: 네 달 동안 살았습니다. 저는 대학원에서 한국학을 공부하고 있습니다.
여: 대학원생이시군요. 카페에서 아르바이트해 봤어요?
남: 네. 한국에서는 안 해 봤지만 미국에서는 해 봤습니다.
여: 잘됐네요. 토요일이나 일요일에 일할 수 있어요?
남: 네. 주말에는 항상 일할 수 있습니다.
여: 좋아요. 여기에 연락처를 좀 써 주세요.
남: 네. 꼭 연락해 주세요. 감사합니다.

복습 2

[1~2] 다음 대화를 듣고 알맞은 그림을 고르세요.

❶ 남: 어떻게 오셨어요?
　여: 이건 어제 산 코트인데 환불하고 싶어서요.

❷ 남: 이것 좀 부치러 왔는데요.
　여: 안에 뭐가 들었어요?
　남: 서류가 들었어요.

[3~6] 다음을 듣고 이어지는 말을 고르세요.

❸ 여: 불고기를 만들어 먹을까요?
　남: 좋아요. 그런데 소고기가 없는데요.

❹ 여: 여보세요.
　남: 아야나 씨, 저 엥흐인데요. 지금 통화 괜찮아요?

❺ 남: 뭘 도와드릴까요?
　여: 환전을 하려고 왔는데요.
　남: 얼마를 바꿔 드릴까요?

❻ 남: 우리 인천공항까지 공항버스를 타고 갈까요?
　여: 좋아요. 공항버스는 얼마나 자주 와요?

[7~8] 다음은 무엇에 대해 말하고 있습니까? 알맞은 것을 고르세요.

❼ 여: 어제 옷을 주문했는데요. 언제 받을 수 있어요?
　남: 오늘 아침에 보냈으니까 내일 받으실 수 있을 겁니다.

❽ 남: 수업이 끝난 후에 보통 뭐 해요?
　여: 학생 식당에서 밥을 먹은 후에 집에 가요.
　　　그리고 낮잠을 자고 숙제를 해요.

[9~11] 다음을 듣고 들은 내용과 같은 것을 고르세요.

❾ 여: 에취.
　남: 아야나 씨, 괜찮아요? 옷이 너무 얇네요.
　여: 네. 한국은 제 고향보다 날씨가 추운 것 같아요.
　　　시간이 없어서 아직 따뜻한 옷을 못 샀어요.
　남: 저도 겨울옷이 필요한데요. 같이 사러 갈까요?
　여: 네, 좋아요. 토요일 어때요?
　남: 네. 토요일에 같이 점심 먹은 후에 쇼핑해요.

❿ 남: 여러분, 매일 설거지하는 거 힘드시죠? 오늘은 바쁜 여러분들께 꼭 필요한 가전제품을 하나 소개해 드릴게요. 식사하신 후에 여기에 그냥 그릇을 넣으시면 됩니다. 여러분이 설거지한 것보다 더 깨끗해서 많이 놀라실 거예요. 지금 주문하시면 이 청소기도 드리겠습니다. 청소기는 방송 시간에만 드립니다. 지금 바로 전화 주세요!

⓫ 남: 안녕하세요? 머리 어떻게 해 드릴까요?
　여: 머리를 좀 자르고 싶은데요. 머리가 기니까 요즘 더 더운 것 같아요.
　남: 그럼 이런 헤어스타일은 어떠세요? 요즘 이런 짧은 머리가 유행이에요. 손님에게 어울릴 거예요.
　여: 네. 그럼 그렇게 잘라 주세요.

[12~13] 다음을 듣고 물음에 답하세요.

여: 뭘 도와드릴까요?
남: 체크카드를 잃어버려서 왔어요.
여: 네. 다시 만들어 드릴게요. 2,000원하고 신분증을 주시면 됩니다.
남: 외국인 등록증은 없고 여권만 있는데요.
여: 괜찮아요. 여권만 주시면 됩니다.
　　그리고 여기에 서명해 주세요. …
　　카드 나왔습니다. 카드 비밀번호 네 자리를 눌러 주세요. …
　　다시 한번 눌러 주세요. …
　　다 됐습니다. 더 궁금한 것이 있으세요?
남: 통장도 다시 만들어야 돼요?
여: 아니요. 통장은 계속 사용하실 수 있습니다.
남: 네. 알겠습니다. 감사합니다.

[14~15] 다음을 듣고 물음에 답하세요.

여: 네. 서울택배입니다.
남: 택배를 보내려고 하는데요. 오늘 오후에 와 주실 수 있으세요?
여: 죄송하지만 오늘은 택배 예약이 끝났는데요. 내일은 어떠세요?
남: 그럼 내일 방문해 주세요.
여: 네. 어디로 보내실 겁니까?
남: 부산으로 보낼 거예요.
여: 보내시는 물건이 무엇입니까?
남: 책 한 상자예요.
여: 네. 내일 오후에 택배 기사가 방문할 겁니다.
　　주소 좀 말씀해 주세요.
남: 관악구 관악로 1입니다. 3층으로 오시면 됩니다.
여: 네. 방문하기 전에 택배 기사가 전화 드릴 겁니다.
　　감사합니다.

복습 3

[1~2] 다음 대화를 듣고 알맞은 그림을 고르세요.

❶ 남: 실례합니다. 명동에 가려고 하는데요.
　　　이 정류장에서 몇 번 버스를 타야 하는지 아세요?
　여: 네. 162번 버스를 타시면 돼요.

❷ 여: 어떻게 오셨어요?
　남: 감기에 걸린 것 같아요. 목도 부었고요.
　여: 네. 그럼 이 감기약을 식후 세 번 드셔 보세요. 5,000원입니다.

[3~6] 다음을 듣고 이어지는 말을 고르세요.

❸ 여: 하이 씨, 오늘 다니엘 씨 생일 파티에 올 거지요?
　남: 그럼요. 제가 파티 준비를 도와줄까요?

❹ 남: 아야나 씨, 괜찮아요? 얼굴이 안 좋아 보여요.
　여: 네. 어지럽고 토할 것 같아요.

❺ 여: 민우 씨, 혹시 에릭 씨를 봤어요?
　남: 네. 조금 전에 주차장으로 내려갔어요.
　　　그런데 에릭 씨는 왜 찾아요?

❻ 여: 스티븐 씨, 토요일에 시간 있어요?
　남: 네. 시간 괜찮아요. 무슨 일 있어요?

[7~8] 다음은 무엇에 대해 말하고 있습니까? 알맞은 것을 고르세요.

❼ 여: 우리 버스를 타고 갈까요?
　남: 지금 퇴근 시간이라서 길이 막힐 테니까 지하철을 타는 게 어때요?

❽ 남: 환영회를 어디에서 하면 좋을까요?
　여: 사람들이 많이 올 테니까 학교 앞 행복식당에서 하면 어때요?
　　　식당도 크고 음식도 맛있어요.

[9~11] 다음을 듣고 들은 내용과 같은 것을 고르세요.

❾ 여: 길이 너무 막히네요. 어떡하죠?
　　　영화 시작 전까지 갈 수 있을까요?
　남: 못 갈 것 같은데요.
　여: 그럼 우리 이번 정류장에서 내려서 지하철로 갈아타요.
　　　저 앞 사거리에 지하철역이 있어요.
　남: 좋아요. 이번에 내려요.

❿ 남: 고향으로 돌아가는 친구에게 작은 선물을 할까 하는데요.
　　　뭐가 좋을까요?
　여: 그 친구와 찍은 사진으로 동영상을 만들어서 선물해 보는
　　　게 어때요?
　남: 정말 좋은 생각이네요.
　여: 아주 특별한 선물이 될 거예요.

⓫ 이번 역은 서울역, 서울역입니다. 내리실 문은 오른쪽입니다. 1호선, 4호선, 공항철도로 갈아타실 고객과 케이티엑스(KTX)를 이용하실 고객께서는 이번 역에서 내리시기 바랍니다.

[12~13] 다음을 듣고 물음에 답하세요.

여: 에릭 씨, 무슨 고민이 있어요? 기운이 없어 보여요.
남: 네. 요즘 자꾸 살이 빠지네요. 한 달 동안 5kg이 빠졌어요.
여: 요즘 입맛이 없어요?
남: 아니요. 밥은 잘 먹어요. 그런데 왜 살이 빠지는지 모르겠어요.
여: 걱정이네요. 병원에 한번 가 보세요.
남: 오늘 병원에 갈까 하는데요. 한국에서 병원에 가는 것이
　　처음이라서 걱정이에요.
여: 그럼 제가 같이 가 줄까요?
남: 정말요? 고마워요.

[14~15] 다음을 듣고 물음에 답하세요.

여: 여보세요? 민우 씨, 박물관에 도착했어요?
남: 네. 도착했어요. 아야나 씨도 잘 오고 있어요?
여: 방금 이촌역에 내렸는데요. 몇 번 출구로 나가야 하는지 아세요?
남: 네. 먼저 2번 출구 쪽으로 오세요. 밖으로 나가기 전에 오른쪽을
　　보면 박물관으로 오는 지하도가 있을 거예요.
여: 아, 보여요. 이 지하도로 쭉 가면 박물관이 나와요?
남: 네. 제가 지하도 출구에서 기다릴게요.
여: 네. 조금만 기다려 주세요. 제가 빨리 갈게요.
남: 괜찮아요. 천천히 오세요.

Answer Key 모범 답안

1. 소개

1-1. 한국어를 배우려고 한국에 왔어요

어휘 p. 14

1. 2) 국적 3) 생년월일 4) 성별
   5) 연락처 6) 이메일

2. 1) 이름이 뭐예요? — ① 성명
   2) 생일이 언제예요? — ⑤ 생년월일
   3) 남자예요? 여자예요? — ③ 성별
   4) 어느 나라 사람이에요? — ② 국적
   5) 전화번호가 몇 번이에요? — ④ 연락처

3. 1)  — ② 입학
   2)  — ① 취직
   3)  — ④ 취미
   4)  — ③ 사업

문법과 표현 ❶ 명 (이)라고 하다 p. 16

1. 2) 이라고 합니다   3) 이라고 합니다
   4) 라고 합니다   5) 예 셀린이라고 합니다

2. 2) 에릭이라고 합니다   3) 김민우라고 합니다
   4) 아야나라고 합니다

문법과 표현 ❷ 동 -(으)려고 p. 18

1.

	-(으)려고		-(으)려고
먹다	먹으려고	돕다	도우려고
읽다	읽으려고	듣다	들으려고
가다	가려고	만들다	만들려고
연습하다	연습하려고	살다	살려고

2. 2) 사과를 사려고 시장에 갔어요
   3) 노래를 들으려고 이어폰을 꼈어요
   4) 불고기를 만들려고 고기를 샀어요
   5) 학교에 안 늦으려고 택시를 탔어요

3. 2) 친구를 만나려고
   3) 여권을 만들려고
   4) 어머니께 드리려고
   5) 안 늦으려고

1-2. 제 고향은 춘천인데 닭갈비가 유명합니다

어휘 p. 20

1.
   1) ② 시골 2) ③ 섬 3) ① 도시 4) ⑤ 호수 5) ④ 강

2. 1) 북쪽   2) 서쪽   3) 동쪽   4) 남쪽

3. 1) 별로   2) 아주   3) 전혀

문법과 표현 ❸ 명 인데 p. 22

1. 2) 한라산인데 제주도에 있는 산입니다
   3) 한강인데 서울에 있는 큰 강입니다
   4) 참외인데 여름에 먹는 과일입니다

2. 2) 냉면인데
   3) 제주도인데
   4) 선생님이신데
   5) 예 우리 언니인데 회사원이에요

3. 예
   2) 제 고향은 전주인데 맛있는 음식이 많은 곳이에요
   3) 제 고향에서 자주 먹는 음식은 쌀국수인데 아주 맛있어요
   4) 제 고향에서 유명한 곳은 루브르 박물관인데 아름다운 그림을 감상할 수 있어요
   5) 제 고향에서 유명한 사람은 톰 크루즈인데 배우예요
   6) 제가 좋아하는 사람은 제 룸메이트인데 아주 재미있고 똑똑해요

문법과 표현 ④ 동 형 -지 않다   p. 24

1.

	-지 않다		-지 않다
먹다	먹지 않다	좋다	좋지 않다
읽다	읽지 않다	맛있다	맛있지 않다
듣다	듣지 않다	덥다	덥지 않다
가다	가지 않다	멀다	멀지 않다
마시다	마시지 않다	비싸다	비싸지 않다
운동하다	운동하지 않다	피곤하다	피곤하지 않다

2. 2) 보지 않아요   3) 깨끗하지 않아요
   4) 춥지 않았어요   5) 쓰지 않을 거예요

3. 2) 읽지 못했어요   3) 만나지 못했어요
   4) 자지 못했어요   5) 듣지 못했어요

2. 취미

2-1. 저는 요리하는 걸 좋아해요

어휘   p. 28

1. 2) 독서   3) 음악 감상   4) 조깅
   5) 외국어 공부 6) 낚시

2. 2) 그림을 그려요.   3) 춤을 춰요.
   4) 낚시를 해요.   5) 에스엔에스를 해요.
   6) 웹툰을 봐요.

3. 2) 동영상을 만들어요   3) 웹툰을 봐요
   4) 조깅을 해요   5) 에스엔에스를 해요
   6) 피아노를 쳐요   7) 낚시를 해요

문법과 표현 ① 동 -는 것   p. 30

1.

	-는 것		-는 것
먹다	먹는 것	마시다	마시는 것
읽다	읽는 것	공부하다	공부하는 것
듣다	듣는 것	살다	사는 것
가다	가는 것	만들다	만드는 것

2. 예
   2) 춤을 추는 것을 배워요
   3) 그림을 그리는 것이 재미있어요
   4) 친구를 사귀는 것이 어려워요
   5) 한국에 사는 것이 재미있어요
   6) 불고기를 만드는 것을 좋아해요

3. 2) 노래 듣는 것을   3) 기타 치는 것이
   4) 게임하는 것이   5) 케이크 만드는 것을

문법과 표현 ② 동 -(으)ㄹ 줄 알다/모르다   p. 32

1. 2) 한복을 입을 줄 알아요.   한복을 입을 줄 몰라요.
   3) 수영을 할 줄 알아요.   수영을 할 줄 몰라요.
   4) 한글을 쓸 줄 알아요.   한글을 쓸 줄 몰라요.
   5) 김밥을 만들 줄 알아요.   김밥을 만들 줄 몰라요.

2. 2) 말을 탈 줄 알아요   3) 피아노를 칠 줄 알아요
   4) 태권도를 할 줄 알아요   5) 인형을 만들 줄 알아요

2-2. 매주 금요일이나 토요일에 모입니다

어휘   p. 34

1. 2) 회원   3) 모임 장소   4) 모임 시간
   5) 회비   6) 신청

2. 1) 무슨 동호회에서 회원을 모집해요? — ① 2만 원이에요.
   2) 어디에서 모임을 해요?   — ② 7월 13일 오후 2시에 만나요.
   3) 모임 시간이 언제예요?   — ③ 언어교육원 101호에서 만나요.
   4) 회비가 얼마예요?   — ④ 홈페이지에서 신청해요.
   5) 어떻게 가입을 신청해요?   — ⑤ 기타 동호회에서 회원을 모으고 있어요.

3. 1) 매일   2) 매달   3) 매주   4) 매년

4. 예
   • 무슨 동호회예요?   – 영화 감상 동호회예요.
   • 어디에서 모임을 해요?   – 서울영화관에서 모임을 해요.
   • 언제 모임이 있어요?   – 매주 토요일 오전 9시에 모임이 있어요.
   • 어떻게 신청해요?   – 전화해서 신청해요.
   • 회비를 내야 돼요?   – 네. 만 오천 원을 내야 돼요.

문법과 표현 ③ 명 (이)나 1   p. 36

1. 2) 영화관(이나 / 나) 공원에 갈까요?
   3) 오늘(이나 / 나) 내일 만날 거예요.
   4) 시계(이나 / 나) 가방을 사 주세요.
   5) 마리(이나 / 나) 다니엘한테 전화해 보세요.

2. 2) 지하철이나 버스를   3) 옷이나 운동화를
   4) 카페나 도서관에서   5) 햄버거나 피자가

3. 예
   2) 홍대나 강남에서 자주 쇼핑해요
   3) 부산이나 제주도에 가고 싶어요
   4) 콜라나 주스를 마셔요
   5) 가족이나 친구한테 전화해요
   6) 금요일이나 토요일에 만나요

문법과 표현 ④ 동 -거나 p. 38

1. 2) 책을 읽거나 뉴스를 봐요
   3) 쇼핑하거나 카페에 가요
   4) 농구하거나 테니스를 쳐요
   5) 인형을 만들거나 웹툰을 봐요

2. 2) 책을 읽거나 운동을 해요
   3) 여행 가거나 아르바이트할 거예요
   4) 영화를 보거나 노래방에 가고 싶어요
   5) 텔레비전을 보거나 그림을 그리세요

3. 예
   2) 친구를 만나거나 집에서 쉬어요
   3) 영화를 보거나 음악을 들을 수 있어요
   4) 친구에게 물어보거나 사전을 봐요
   5) 집에서 푹 쉬거나 약을 먹을 거예요
   6) 집을 사거나 세계 여행을 하고 싶어요

3. 여행 경험

3-1. 부산에 가 봤어요?

어휘 p. 42

1.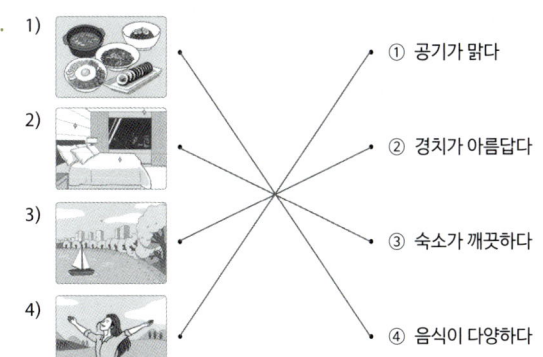
   1) — ③ 숙소가 깨끗하다
   2) — ② 경치가 아름답다
   3) — ① 공기가 맑다
   4) — ④ 음식이 다양하다

2. 2) 동물원 3) 미술관
   4) 관광지 5) 전통 시장

3. 2) 경치가 아름다운
   3) 음식이 다양해서
   4) 숙소가 깨끗하지 않아서 / 안 깨끗해서
   5) 예 저는 음식이 다양하고 맛있는 곳으로 여행 가고 싶어요

문법과 표현 ① 동 -아/어 보다 p. 44

1.

	-아/어 보다		-아/어 보다
앉다	앉아 보다	여행하다	여행해 보다
가다	가 보다	일하다	일해 보다
읽다	읽어 보다	쓰다	써 보다
마시다	마셔 보다	듣다	들어 보다

2. 2) 입어 봤어요
   3) 안 가 봤어요
   4) 배워 봤어요
   5) 안 만들어 봤어요

3. 예
   2) 네. 혼자 살아 봤어요. 조금 심심했어요
   3) 네. 외국에 가 봤어요. 미국에 가 봤어요
   4) 네. 들어 봤어요. 좋았어요
   5) 경복궁에 가 봤어요. 아주 아름다웠어요

문법과 표현 ② 동 형 -(으)니까, 명 (이)니까 p. 46

1.

	-(으)니까		-(으)니까
먹다	먹으니까	작다	작으니까
가다	가니까	좋다	좋으니까
쓰다	쓰니까	크다	크니까
공부하다	공부하니까	덥다	더우니까
듣다	들으니까	어렵다	어려우니까
만들다	만드니까	멀다	머니까

	이니까		니까
학생	학생이니까	휴가	휴가니까

2. 2) 길이 막히니까 지하철을 타세요
   3) 날씨가 추우니까 따뜻한 옷을 입으세요
   4) 감기에 걸렸으니까 푹 쉬세요
   5) 여기는 도서관이니까 큰 소리로 전화하지 마세요

3. 2) 더우니까   3) 머니까
   4) 먹었으니까   5) 생일이니까

3-2. 1박 2일 동안 전주에 갔다 왔어요

어휘
p. 48

1. 1) ③ 2) ① 3) ② 4) ④ 5) ⑤

2. 2) 이틀   3) 사흘   4) 나흘   5) 열흘

3. 2) 세   3) 사   4) 두   5) 일
   6) 오, 육

문법과 표현 ❸ 명 동안
p. 50

1. 2) 이 박 삼 일 동안 여행했어요
   3) 한 달 동안 병원에 있었어요
   4) 일 년 동안 피아노를 배웠어요
   5) 방학 동안 아르바이트했어요

2. 2) 한 시간 동안   3) 사흘 동안
   4) 일 년 동안   5) 사 개월 동안 / 네 달 동안
   6) 예 세 달 동안

문법과 표현 ❹ 동 -고 나서
p. 52

1. 2) 옷을 입고 나서 화장을 해요   3) 세수하고 나서 이를 닦아요
   4) 숙제를 끝내고 나서 자요   5) 잘 알아보고 나서 예약해요

2. 2) 숙제하고 나서 게임하세요
   3) 준비운동을 하고 나서 수영하세요
   4) 운동화를 신어 보고 나서 사세요
   5) 생각해 보고 나서 전화하세요

3. 예
   2) 청소를 하고 나서 쉬었어요
   3) 물을 마시고 나서 세수를 해요
   4) 케이크를 먹고 나서 노래방에 가려고 해요
   5) 숙제를 하고 나서 영화를 볼 거예요

복습 1

어휘
p. 55

1. ①   2. ②   3. ③   4. ①
5. ①   6. ②   7. ②

문법과 표현
p. 57

1. ②   2. ③   3. 몰라요
4. 좋으니까   5. 걸 / 것을   6. 먹으려고
7. 예 저는 동영상 만드는 것을 좋아해요
8. 예 공원에서 산책하거나 영화를 봐요
9. 예 아니요. 저는 운전할 줄 몰라요
10. 예 여기는 서울대학교인데 아주 커요

듣기
p. 58

1. ③   2. ②   3. ①   4. ④
5. ④   6. ②   7. ④   8. ③
9. ④   10. ④   11. ③   12. ④
13. ①   14. ③   15. ①

읽기
p. 61

1. ③   2. ④   3. ④   4. ④
5. ②   6. ④   7. ③   8. ②
9. ④   10. ③   11. ④   12. ①
13. ③   14. ①   15. ④

말하기
p. 67

1. 예
   1) 저는 하이라고 합니다.
   2) '안녕하세요?'를 영어로 '헬로(Hello)'라고 해요.
   3) 저는 한국 회사에 취직하려고 한국어를 배웁니다.
   4) 기숙사를 신청하려고 이메일을 썼어요.
   5) 저는 학생인데 서울대학교에 다녀요.
   6) 제 고향은 파리인데 아주 아름다운 도시예요.
   7) 아니요. 아직 계획을 세우지 않았어요.
   8) 아니요. 집에 가지 않을 거예요.
   9) 저는 노래 부르는 것을 좋아해요.
   10) 저는 그림 그리는 것을 배우고 싶어요.
   11) 네. 저는 동영상을 만들 줄 알아요.
   12) 네. 저는 인터넷 쇼핑을 할 줄 알아요.
   13) 공기가 맑은 곳이나 경치가 아름다운 곳으로 여행 가고 싶어요.
   14) 프랑스어나 일본어를 배워 보고 싶어요.
   15) 책을 읽거나 드라마를 봐요.

16) 게임을 하거나 잘 거예요.
17) 네. 저는 제주도에 가 봤어요. 제주도에서 낚시해 봤어요.
18) 네. 전통 시장에 가 봤어요. 거기에서 다양한 음식을 먹어 봤어요.
19) 김치찌개는 매우니까 비빔밥을 먹어요.
20) 요즘 날씨가 좋으니까 한강에 가요.
21) 저는 부산을 2박 3일 동안 여행했어요.
22) 어제 한 시간 동안 한국어 공부를 했어요.
23) 영화를 보고 나서 잘 거예요.
24) 비행기표를 예매하고 나서 호텔을 예약할 거예요.

4. 쇼핑

4-1. 이거보다 더 긴 거 있어요?

어휘 p. 72

1. (그림 연결 문제)

2. 2) 높아요   3) 어두워요   4) 길어요

3. 2) 화려해요   3) 맞아요   4) 밝아요
   5) 어울려요   6) 짧아요   7) 비싸요

문법과 표현 ❶ 동-는 것 같다, 형-(으)ㄴ 것 같다, 명인 것 같다
p. 74

1.

	-는 것 같다		-(으)ㄴ 것 같다
먹다	먹는 것 같다	작다	작은 것 같다
읽다	읽는 것 같다	크다	큰 것 같다
자다	자는 것 같다	어둡다	어두운 것 같다
마시다	마시는 것 같다	길다	긴 것 같다
살다	사는 것 같다	맛있다	맛있는 것 같다
만들다	만드는 것 같다	재미없다	재미없는 것 같다

	인 것 같다		인 것 같다
학생	학생인것 같다	기자	기자인 것 같다

2. 2) 작은 것 같아요   3) 많은 것 같아요
   4) 무거운 것 같아요   5) 재미있는 것 같아요

3. 2) 아이스크림을 먹는 것 같아요
   3) 음악을 듣는 것 같아요
   4) 피아노를 치는 것 같아요
   5) 결혼하는 것 같아요
   6) 우는 것 같아요

4. 2) 높은 것 같아요
   3) 멀지 않은 것 같아요
   4) 학생인 것 같아요
   5) 커피가 아닌 것 같아요
   6) 예 노래방에 가는 것을 좋아하는 것 같아요

문법과 표현 ❷ 명보다   p. 76

1. 2) 겨울이 가을보다 추워요
   3) 운동화가 구두보다 편해요
   4) 스웨터가 티셔츠보다 따뜻해요

2. 2) 야구공이 골프공보다
   3) 딸기주스가 커피보다
   4) 한라산이 남산보다
   5) 자밀라가 제니보다

3. 예
   2) 겨울보다 여름을 훨씬 더 좋아해요
   3) 무서운 영화보다 재미있는 영화를 훨씬 더 보고 싶어요
   4) 수영보다 축구를 훨씬 더 잘해요
   5) 게임보다 드라마가 훨씬 더 재미있어요

4-2. 지난주에 산 운동화를 교환하고 싶습니다

어휘 p. 78

1.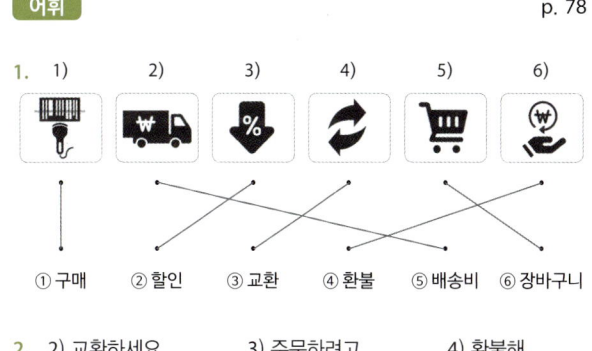
① 구매 ② 할인 ③ 교환 ④ 환불 ⑤ 배송비 ⑥ 장바구니

2. 2) 교환하세요   3) 주문하려고   4) 환불해

3. 예
- 무엇을 사려고 해요?
  - 티셔츠를 사려고 해요.
- 상품 가격이 얼마예요?
  - 14,700원이에요.
- 배송비가 어떻게 돼요?
  - 2,500원이에요.
- 어떤 사이즈를 살 거예요?
  - 작은 사이즈를 살 거예요.
- 어떻게 하면 할인을 받을 수 있어요?
  - 서울카드를 사용하면 할인을 받을 수 있어요.

문법과 표현 ❸ 동-(으)ㄴ 명 p. 80

1.

	-(으)ㄴ		-(으)ㄴ
먹다	먹은	운동하다	운동한
읽다	읽은	돕다	도운
가다	간	듣다	들은
쓰다	쓴	만들다	만든

2. 2) 어제 본 영화가 슬펐어요
   3) 어제 주문한 원피스가 아주 예뻐요
   4) 안나 씨와 들은 노래가 계속 생각나요
   5) 주말에 만든 케이크를 친구에게 선물했어요

3. 2) 먹은 3) 만난 4) 온 5) 여행한

문법과 표현 ❹ 명(으)로 p. 82

1. 2) 젓가락((으로) / 로) 라면을 먹어요.
   3) 카드(으로 / (로)) 옷을 사요.
   4) 전화(으로 / (로)) 호텔을 예약해요.
   5) 지하철((으로) / 로) 학교에 가요.

2. 2) 손으로 3) 자전거로 4) 카드로 5) 연필로

3. 예
   2) 전화로 연락해요   3) 휴대폰으로 들어요
   4) 한국말로 이야기해요   5) 손으로 먹어요

5. 우체국과 은행

5-1. 소포를 보내려고 왔는데요

어휘 p. 86

1. 1) 우표 2) 우편번호 3) 엽서
   4) 상자 5) 봉투

2.
 1) 봉투에 — ① 쓰다
 2) 우편번호를 — ② 넣다
 3) 우표를 — ③ 부치다
 4) 편지를 — ④ 붙이다

→ 1) 편지를 봉투에 넣어요. → 2) 봉투에 우편번호를 써요.
→ 3) 봉투에 우표를 붙여요. → 4) 편지를 부쳐요.

3. 2) 넣어 3) 붙여야 4) 뽑고 5) 포장해

문법과 표현 ❶ 동-는데요, 형-(으)ㄴ데요, 명인데요 p. 88

1.

	-는데요		-(으)ㄴ데요
먹다	먹는데요	작다	작은데요
읽다	읽는데요	크다	큰데요
가다	가는데요	가깝다	가까운데요
쉬다	쉬는데요	멀다	먼데요
만들다	만드는데요	길다	긴데요
살다	사는데요	맛있다	맛있는데요

	인데요		인데요
학생	학생인데요	친구	친구인데요

2. 2) 서울식당인데요 3) 세 시인데요
   4) 전데요   5) 아닌데요

3. 2) 있는데요 3) 왔는데요
   4) 싶은데요 5) 안 여는데요

문법과 표현 ❷ 동형-(으)ㄹ 거예요 p. 90

1.

	-(으)ㄹ 거예요		-(으)ㄹ 거예요
먹다	먹을 거예요	좋다	좋을 거예요
자다	잘 거예요	맛있다	맛있을 거예요
좋아하다	좋아할 거예요	비싸다	비쌀 거예요
돕다	도울 거예요	피곤하다	피곤할 거예요
듣다	들을 거예요	덥다	더울 거예요
열다	열 거예요	멀다	멀 거예요

2. 2) 좋아할 거예요 3) 많을 거예요
   4) 맛있을 거예요 5) 추울 거예요

3. 2) 계실 거예요 3) 안 올 거예요

4) 자고 있을 거예요 5) 갔을 거예요

5-2. 비밀번호를 눌러 주세요

어휘 p. 92

1.
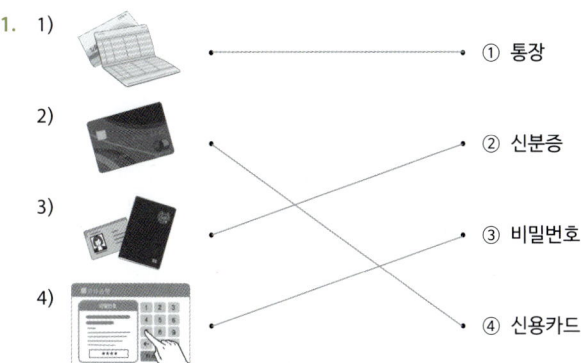
1) — ① 통장
2) — ④ 신용카드
3) — ② 신분증
4) — ③ 비밀번호

2. 2) 비밀번호를 누르세요
   3) 신분증을 내야
   4) 서명을 해

3. 1) 입금 — ② 돈을 넣다
   2) 출금 — ① 돈을 찾다
   3) 환전 — ③ 돈을 바꾸다
   4) 송금, 이체 — ④ 돈을 보내다

4. 2) 환전하러 3) 입금해요 4) 송금해

문법과 표현 ❸ '르' 불규칙 p. 94

1.

	-아요/어요	-(으)ㄹ 거예요	-아서/어서	-습니다/ㅂ니다	-는데요/(으)ㄴ데요
모르다	몰라요	모를 거예요	몰라서	모릅니다	모르는데요
오르다	올라요	오를 거예요	올라서	오릅니다	오르는데요
누르다	눌러요	누를 거예요	눌러서	누릅니다	누르는데요
부르다	불러요	부를 거예요	불러서	부릅니다	부르는데요
서두르다	서둘러요	서두를 거예요	서둘러서	서두릅니다	서두르는데요
다르다	달라요	다를 거예요	달라서	다릅니다	다른데요
빠르다	빨라요	빠를 거예요	빨라서	빠릅니다	빠른데요

2. 2) 불러요 3) 눌러
   4) 달라요 5) 올랐어요

3. 2) 달라요 3) 누르세요
   4) 빠르니까 5) 서둘러야
   6) 올랐네요 7) 부르셨어요

문법과 표현 ❹ 동-(으)면 되다 p. 96

1.

	-(으)면 되다		-(으)면 되다
먹다	먹으면 되다	연습하다	연습하면 되다
읽다	읽으면 되다	듣다	들으면 되다
가다	가면 되다	놀다	놀면 되다
부르다	부르면 되다	만들다	만들면 되다

2. 2) 음식이 싱거우면 소금을 넣으면 돼요
   3) 문법을 잘 모르면 선생님께 여쭤보면 돼요
   4) 어제 산 옷이 크면 교환하면 돼요
   5) 시험을 잘 못 봤으면 더 열심히 공부하면 돼요

3. 2) 먹으면 돼요 3) 보내면 돼요
   4) 하면 돼요 5) 쓰시면 됩니다

6. 하루 일과

6-1. 토요일마다 청소를 해요

어휘 p. 100

1.
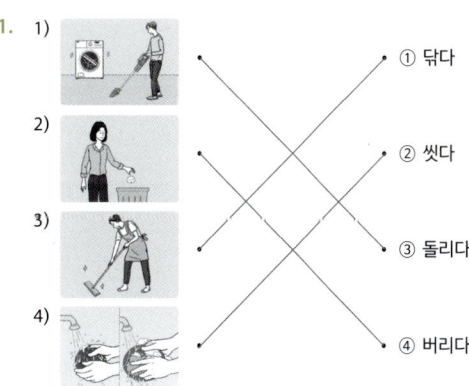
1) — ③ 돌리다
2) — ④ 버리다
3) — ② 씻다
4) — ① 닦다

2. 1) 세탁기 2) 쓰레기
   3) 청소기 4) 설거지

3. 2) 설거지하고 3) 세탁기를 돌리려고
   4) 닦으면 5) 정리해야
   6) 청소기를 돌려

문법과 표현 ❶ 명마다 p. 102

1. 2) 월요일마다 회의를 해요
   3) 주말마다 가족에게 전화해요
   4) 쉬는 시간마다 커피를 마셔요
   5) 층마다 화장실이 있어요

2. 2) 달마다 용돈을 받아요
   3) 3분마다 지하철이 와요
   4) 나라마다 문화가 달라요
   5) 사람마다 취미가 달라요

3. 2) 일요일마다   3) 방학마다
   4) 저녁마다   5) 사람마다

문법과 표현 ❷ 동 -(으)ㄹ게요   p. 104

1.
	-(으)ㄹ게요		-(으)ㄹ게요
먹다	먹을게요	운동하다	운동할게요
읽다	읽을게요	돕다	도울게요
가다	갈게요	듣다	들을게요
쓰다	쓸게요	만들다	만들게요

2. 2) 먹을게요   3) 올게요
   4) 들을게요   5) 만들게요

3. 2) 제가 예매할게요   3) 제가 예약할게요
   4) 제가 알아볼게요

6-2. 수업이 끝난 후에 인사동에 갔어요

어휘   p. 106

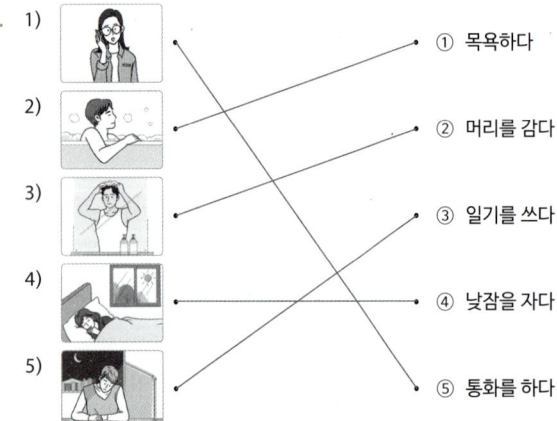

1) ① 목욕하다
2) ② 머리를 감다
3) ③ 일기를 쓰다
4) ④ 낮잠을 자다
5) ⑤ 통화를 하다

2. 1) 복습할   2) 예습하고
   3) 수업을 듣고

3. 2) 낮잠을 자요   3) 화장을 지워요
   4) 통화를 하는   5) 목욕하고
   6) 일기를 쓰고   7) 머리를 감아

문법과 표현 ❸ 동 -기 전에   p. 108

1. 2) 자기 전에 목욕을 해요
   3) 옷을 사기 전에 입어 봐요
   4) 버스에서 내리기 전에 벨을 눌러요

2. 2) 신분증을 만들기 전에 사진을 찍어야 해요
   3) 자기 전에 불을 꺼야 해요
   4) 식당에 가기 전에 예약해야 해요
   5) 집에 들어가기 전에 신발을 벗어야 해요

3. 2) 요리하기 전에
   3) 닫기 전에
   4) 오기 전부터
   5) 퇴근하기 전까지

문법과 표현 ❹ 동 -(으)ㄴ 후에   p. 110

1.
	-(으)ㄴ 후에		-(으)ㄴ 후에
먹다	먹은 후에	일하다	일한 후에
읽다	읽은 후에	돕다	도운 후에
가다	간 후에	듣다	들은 후에
쓰다	쓴 후에	놀다	논 후에

2. 2) 점심을 먹은 후에 약을 드세요
   3) 사람들이 내린 후에 지하철을 타세요
   4) 여권을 만든 후에 비자를 신청하세요
   5) 옷을 입어 본 후에 사세요

3. 2) 책을 읽은 후에
   3) 한국에 온 후에
   4) 수업이 끝난 후에
   5) 저녁을 먹은 후부터

복습 2

어휘   p. 113

1. ②   2. ①   3. ③   4. ②
5. ④   6. ④   7. ②

문법과 표현   p. 115

1. ①   2. ④   3. 올 거예요
4. 달라요   5. 입은   6. 연필로
7. 예 숙제를 다 한 후에 잘 거예요
8. 예 자는 것 같아요
9. 예 소포를 부치려고 왔는데요
10. 예 비행기로 갈 거예요

부록 Appendix

듣기 p. 116
1. ③ 2. ④ 3. ④ 4. ③
5. ④ 6. ① 7. ② 8. ④
9. ④ 10. ① 11. ② 12. ④
13. ① 14. ④ 15. ④

읽기 p. 119
1. ② 2. ③ 3. ④ 4. ②
5. ② 6. ④ 7. ③ 8. ④
9. ② 10. ④ 11. ④ 12. ②
13. ③ 14. ① 15. ④

말하기 p. 125

1. 예
1) 오늘 나나 씨 기분이 좋은 것 같아요.
2) 한국의 옷 가격이 비싼 것 같아요.
3) 저는 밝은색보다 어두운색 옷을 좋아해요.
4) 저는 설거지하는 것보다 요리하는 것을 좋아해요.
5) 제가 어제 만난 사람은 우리 반 친구예요.
6) 지난 생일에 받은 선물은 휴대폰이에요.
7) 저는 가족들과 전화로 연락해요.
8) 비행기로 보낼 거예요.
9) 바지를 사려고 왔는데요.
10) 책이 들었는데요.
11) 네. 어려울 거예요.
12) 3일 후쯤 받을 수 있을 거예요.
13) 아니요. 달라요.
14) 아니요. 몰라요.
15) 다시 만들면 돼요.
16) 교환하면 돼요.
17) 토요일마다 돌려요.
18) 한 시간마다 와요.
19) 네. 제가 청소기를 돌릴게요.
20) 이번 주말까지 보내 줄게요.
21) 자기 전에 써요.
22) 밥을 먹기 전에 씻어요.
23) 낮잠을 잔 후에 청소를 할 거예요.
24) 청소기를 돌린 후에 방을 닦아야 해요.

7. 길 찾기

7-1. 서울대학교까지 얼마나 걸릴까요?

어휘 p. 130

1. 1) 사거리 2) 신호등 3) 횡단보도
   4) 육교 5) 지하도

2.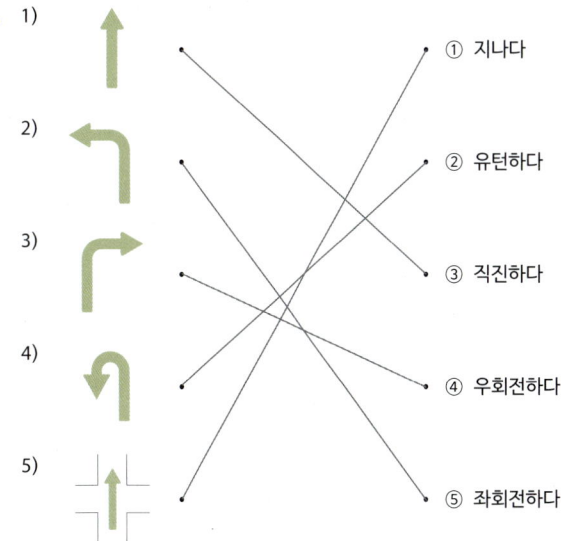

3. 2) 좌회전하세요 3) 우회전하세요 4) 직진하면
   5) 유턴해 6) 지나서

문법과 표현 ❶ 동형-(으)ㄹ까요? p. 132

1.
	-(으)ㄹ까요?		-(으)ㄹ까요?
먹다	먹을까요?	좋다	좋을까요?
맞다	맞을까요?	맛있다	맛있을까요?
좋아하다	좋아할까요?	비싸다	비쌀까요?
쓰다	쓸까요?	피곤하다	피곤할까요?
듣다	들을까요?	덥다	더울까요?
만들다	만들까요?	멀다	멀까요?

2. 2) 날씨가 좋을까요 3) 등산화가 비쌀까요
   4) 이 책이 어려울까요 5) 꽃을 팔까요

3. 2) 재미있을까요 3) 열까요
   4) 봤을까요 5) 끝났을까요
   6) 살 수 있을까요

문법과 표현 ❷ 동형-(으)ㄹ 것 같다, 명일 것 같다 p. 134

1.
	-(으)ㄹ 것 같다		-(으)ㄹ 것 같다
먹다	먹을 것 같다	작다	작을 것 같다
입다	입을 것 같다	크다	클 것 같다
가다	갈 것 같다	덥다	더울 것 같다
쓰다	쓸 것 같다	맵다	매울 것 같다
듣다	들을 것 같다	멀다	멀 것 같다
만들다	만들 것 같다	길다	길 것 같다

	일 것 같다		일 것 같다
학생	학생일 것 같다	우유	우유일 것 같다

모범 답안 197

2. 2) 맛있을 것 같아요 3) 올 것 같아요
   4) 무거울 것 같아요 5) 울 것 같아요

3. 2) 편할 것 같아요
   3) 아르바이트하고 있을 것 같아요
   4) 도착했을 것 같아요
   5) 선생님일 것 같아요 / 학생이 아닐 것 같아요

7-2. 영화관이 어디에 있는지 아세요?

어휘 p. 136

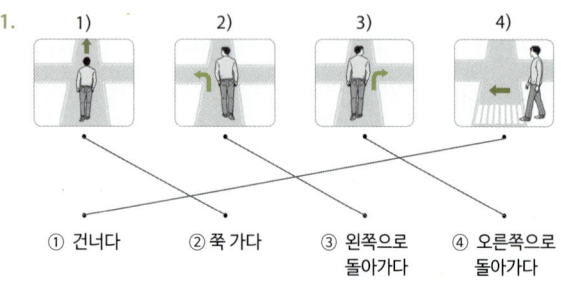

2. 2) 맞은편 3) 주차장 4) 입구 5) 호선

3. 2) 왼쪽으로 돌아가면
   3) 건너서
   4) 쭉 가면
   5) 오른쪽으로 돌아가세요

문법과 표현 ③ 동 -는지 알다/모르다, 명 인지 알다/모르다 p. 138

1. 2) 테오 씨가 지금 어디에 가는지 알아요
   3) 신문을 어디에서 파는지 알아요
   4) 화장실이 어디에 있는지 알아요
   5) 자밀라 씨가 왜 안 왔는지 알아요
   6) 2급 교실이 몇 층인지 알아요
   7) 지금 몇 시인지 알아요

2. 2) 얼마인지 아세요
   3) 누구인지 아세요
   4) 언제인지 아세요 / 며칠인지 아세요
   5) 몇 살인지 아세요
   6) 뭔지 아세요

3. 2) 어디에 있는지 아세요
   3) 언제 보는지 아세요
   4) 왜 우는지 몰라요
   5) 어떻게 만드는지 몰라요

문법과 표현 ④ 동 -다가 p. 140

1. 2) 학교에 가다가 친구를 만났어요
   3) 영화를 보다가 화장실에 갔어요
   4) 노래를 듣다가 울었어요
   5) 서울에서 살다가 부산으로 이사 갔어요

2. 2) 숙제를 하다가 3) 빵을 만들다가
   4) 집에서 쉬다가 5) 택시를 타고 가다가

3. 2) 먹다가 3) 살다가 4) 오다가
   5) 하다가 6) 가다가

8. 모임

8-1. 축하 파티를 하기로 했어요

어휘 p. 144

1. 1) 집들이 2) 송별회 3) 환영회

2. 1) 집들이 — ② 이사 축하해요. 집이 참 좋네요.
   2) 환영회 — ③ 우리 동호회에 가입한 것을 환영합니다.
   3) 송별회 — ① 잘 가요. 우리 계속 연락해요.
   4) 생일 파티 — ④ 생일 축하합니다.

3. 2) 환영합니다 3) 모여서 4) 떠나기
   5) 정했어요 6) 이사할

문법과 표현 ① 동 -기로 하다 p. 146

1. 2) 방학에 아르바이트하기로 했어요
   3) 친구하고 놀이공원에 가기로 했어요
   4) 추석에 송편을 만들기로 했어요
   5) 노래방에서 한국 노래를 부르기로 했어요

2. 2) 테오 씨하고 영화를 보기로 했어요
   3) 유진 씨하고 미술관에 가기로 했어요
   4) 동호회 모임을 하기로 했어요
   5) 태권도를 배우기로 했어요
   6) 부산으로 여행 가기로 했어요

3. 2) 만들기로 했어요
   3) 입어 보기로 했어요
   4) 일어나기로 했어요
   5) 안 마시기로 했어요

문법과 표현 ❷ 동-(으)ㄹ까 하다 p. 148

1.

	-(으)ㄹ까 하다		-(으)ㄹ까 하다
먹다	먹을까 하다	운동하다	운동할까 하다
읽다	읽을까 하다	돕다	도울까 하다
가다	갈까 하다	듣다	들을까 하다
마시다	마실까 하다	만들다	만들까 하다

2. 2) 칠까 해요   3) 들을까 해요
4) 만들까 해요   5) 안 갈까 해요

3. 2) 입을까 하는데요   3) 열까 하는데요
4) 사 줄까 하는데요   5) 볼까 했는데요

8-2. 제가 먹을 것을 준비할게요

어휘 p. 150

1.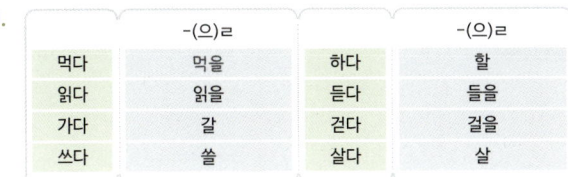
1) ① 초   2) ② 간식   3) ③ 풍선   4) ④ 음료   5) ⑤ 초대장

2. 2) 촛불을 꺼요   3) 촛불을 켜요
4) 케이크를 잘라요   5) 선물을 풀어요
6) 박수를 쳐요

3. 2) 선물을 고르고   3) 장을 볼
4) 박수를 치면서   5) 케이크를 잘라
6) 선물을 풀어   7) 방을 장식했어요

문법과 표현 ❸ 동-(으)ㄹ 명 p. 152

1.

	-(으)ㄹ		-(으)ㄹ
먹다	먹을	하다	할
읽다	읽을	듣다	들을
가다	갈	걷다	걸을
쓰다	쓸	살다	살

2. 2) 입을   3) 줄   4) 들을   5) 만들

3. 2) 앉을   3) 만날   4) 걸을   5) 살

4. 2) 할   3) 줄   4) 먹을   5) 마실
6) 할   7) 들을

문법과 표현 ❹ 동형-(으)ㄹ 테니까 p. 154

1.

	-(으)ㄹ 테니까		-(으)ㄹ 테니까
먹다	먹을 테니까	작다	작을 테니까
읽다	읽을 테니까	크다	클 테니까
가다	갈 테니까	예쁘다	예쁠 테니까
청소하다	청소할 테니까	빠르다	빠를 테니까
듣다	들을 테니까	덥다	더울 테니까
만들다	만들 테니까	길다	길 테니까

2. 2) 사 줄 테니까   3) 빌려줄 테니까
4) 가르쳐 줄 테니까   5) 가 줄 테니까

3. 2) 막힐 테니까   3) 추울 테니까
4) 자고 있을 테니까   5) 도착했을 테니까

9. 건강한 생활

9-1. 약을 먹는 게 어때요?

어휘 p. 158

1. 1) 연고 — ③ 발라요
2) 안약 — ② 넣어요
3) 파스 — ④ 붙여요
4) 소화제 — ① 먹어요
5) 반창고 — ④ 붙여요
6) 감기약 — ① 먹어요
7) 두통약 — ① 먹어요

2. 2) 연고를 발라야 합니다   3) 두통약을 먹어야 합니다
4) 안약을 넣어야 합니다   5) 파스를 붙여야 합니다
6) 소화제를 먹어야 합니다   7) 반창고를 붙여야 합니다

3. 2) 기운이 없어요   3) 살이 빠졌어요
4) 입맛이 없어요   5) 살이 쪄서
6) 머리가 빠져요

문법과 표현 ❶ 형-아/어 보이다 p. 160

1.

	-아/어 보이다		-아/어 보이다
좋다	좋아 보이다	건강하다	건강해 보이다
비싸다	비싸 보이다	크다	커 보이다
길다	길어 보이다	맵다	매워 보이다
맛없다	맛없어 보이다	다르다	달라 보이다

2. 2) 어려 보여요 3) 똑똑해 보여요 4) 배탈이 나서 5) 어지러워요
   4) 키가 커 보여요 5) 쉬워 보여요 6) 소화가 안 돼요 7) 눈이 잘 안 보여서

3. 2) 맛있어 보여요 3) 피곤해 보여요
   4) 매워 보여요 5) 무거워 보여요

문법과 표현 ③ 'ㅅ' 불규칙   p. 166

1.

	-아요/어요	-습니다/ㅂ니다	-(으)니까	-아서/어서	-(으)ㄴ데요/는데요
낫다	나아요	낫습니다	나으니까	나아서	낫는데요
짓다	지어요	짓습니다	지으니까	지어서	짓는데요
붓다	부어요	붓습니다	부으니까	부어서	붓는데요
젓다	저어요	젓습니다	저으니까	저어서	젓는데요
웃다	웃어요	웃습니다	웃으니까	웃어서	웃는데요
씻다	씻어요	씻습니다	씻으니까	씻어서	씻는데요

문법과 표현 ② 동-는 게 어때요?   p. 162

1.

	-는 게 어때요?		-는 게 어때요?
먹다	먹는 게 어때요?	사다	사는 게 어때요?
읽다	읽는 게 어때요?	연습하다	연습하는 게 어때요?
입다	입는 게 어때요?	만들다	만드는 게 어때요?
가다	가는 게 어때요?	살다	사는 게 어때요?

2. 2) 지었어요 3) 부었어요 4) 저었어요

3. 2) 나았어요 3) 저어서 4) 지어
   5) 웃어서 6) 씻을

문법과 표현 ④ 동-(으)ㄴ 것 같다   p. 168

1.

	-(으)ㄴ 것 같다		-(으)ㄴ 것 같다
먹다	먹은 것 같다	듣다	들은 것 같다
읽다	읽은 것 같다	만들다	만든 것 같다
가다	간 것 같다	붓다	부은 것 같다
돕다	도운 것 같다	낫다	나은 것 같다

2. 2) 반창고를 붙이는 게 어때요
   3) 과일을 먹는 게 어때요
   4) 한국 친구를 사귀는 게 어때요
   5) 창문을 여는 게 어때요

3. 2) 전화해 보는 게 어때요
   3) 안약을 넣어 보는 게 어때요
   4) 써 보는 게 어때요
   5) 잘라 보는 게 어때요

2. 2) 온 것 같아요 3) 한 것 같아요
   4) 난 것 같아요 5) 만든 것 같아요

3. 2) 넣은 것 같아요 3) 싸운 것 같아요
   4) 운 것 같아요 5) 안 간 것 같아요

9-2. 목이 부은 것 같아요

어휘   p. 164

1. 1) ① 목이 붓다 → 이비인후과
   2) ② 이가 아프다 → 치과
   3) ③ 팔을 다치다 → 정형외과
   4) ④ 배탈이 나다 → 내과
   5) ⑤ 눈이 잘 안 보이다 → 안과
   6) ⑥ 얼굴에 뭐가 나다 → 피부과

복습 3

어휘   p. 171

1. ②   2. ③   3. ③   4. ②
5. ①   6. ③   7. ④

문법과 표현   p. 173

1. ②   2. ④   3. 부은
4. 했어요   5. 갔는지   6. 갈까
7. 예) 저도 어디에서 파는지 몰라요
8. 예) 네. 제주도에 여행 가기로 했어요
9. 예) 피부과에 가 보는 게 어때요
10. 예) 네. 친구와 싸운 것 같아요

2. 2) 토할 3) 뭐가 나서

부록 Appendix

듣기
p. 174

1. ① 2. ③ 3. ③ 4. ③
5. ① 6. ③ 7. ② 8. ④
9. ③ 10. ① 11. ④ 12. ②
13. ① 14. ④ 15. ②

읽기
p. 177

1. ③ 2. ③ 3. ③ 4. ③
5. ② 6. ① 7. ④ 8. ③
9. ① 10. ① 11. ② 12. ①
13. ② 14. ③ 15. ④

말하기
p. 183

1. 예
   1) ＿＿ 씨가 책을 좋아할까요?
   2) 주말에 표가 있을까요?
   3) 비가 올 것 같아요.
   4) 네. 좋아할 것 같아요.
   5) 아니요. 저도 ＿＿ 씨가 왜 한국어를 배우는지 몰라요.
   6) 아니요. 저도 모임 시간이 언제인지 몰라요.
   7) 네. 쭉 가다가 사거리에서 오른쪽으로 돌아가세요.
   8) 아니요. 숙제하다가 피곤해서 잤어요.
   9) 네. 친구와 만나기로 했어요.
   10) 네. 제주도에 여행을 가기로 했어요.
   11) 김밥을 먹을까 해요.
   12) 도서관에 갈까 해요.
   13) 내일 먹을 과일을 사러 가요.
   14) 할 일이 많아서 늦게 퇴근했어요.
   15) 좋아요. 제가 청소기를 돌릴 테니까 방을 닦아 주세요.
   16) 네. 늦을 테니까 지하철로 가세요.
   17) 맛있어 보이네요.
   18) 기분이 안 좋아 보여요.
   19) 병원에 가 보는 게 어때요?
   20) 저하고 같이 운동하는 게 어때요?
   21) 목이 부어서 왔어요.
   22) 할아버지가 지어 주셨어요.
   23) 집에 간 것 같아요.
   24) 네. 시험을 잘 본 것 같아요.

집필진 Authors

장소원
Chang Sowon
- 서울대학교 국어국문학과 교수
  Seoul National University Professor at the Department of Korean Language & Literature
- 파리 5대학교 언어학 박사
  Ph.D. in Linguistics, University of Paris 5

김현진
Kim Hyun Jean
- 서울대학교 언어교육원 대우전임강사
  Seoul National University LEI Full-time Instructor
- 서울대학교 영어교육학 박사 수료
  Ph.D. Candidate in English Language Education, Seoul National University

김슬기
Kim Sulki
- 서울대학교 언어교육원 대우전임강사
  Seoul National University LEI Full-time Instructor
- 서울대학교 국어교육학 석사
  M.A. in Korean Language Education, Seoul National University

이정민
Lee Jeong Min
- 서울대학교 언어교육원 대우전임강사
  Seoul National University LEI Full-time Instructor
- 서울시립대학교 국어국문학 박사 수료
  Ph.D. Candidate in Korean Language & Literature, University of Seoul

번역 Translator

이수잔소명
Lee Susan Somyung
- 통번역가
  Translator & Interpreter
- 서울대학교 한국어교육학 석사
  M.A. in Korean Language Education as a Foreign Language, Seoul National University

번역 감수 Translation Supervisor

손성옥
Sohn Sung-Ock
- UCLA 아시아언어문화학과 교수
  UCLA Professor at the Department of Asian Languages & Cultures

감수 Supervisor

김은애
Kim Eun Ae
- 전 서울대학교 언어교육원 대우교수
  Former Seoul National University LEI Professor

자문 Consultants

한재영
Han Jae Young
- 한신대학교 명예교수
  Hanshin University Honorary Professor

최은규
Choi Eunkyu
- 전 서울대학교 언어교육원 대우교수
  Former Seoul National University LEI Professor

도와주신 분들 Contributing Staff

- 디자인 Design (주)이츠북스 ITSBOOKS
- 삽화 Illustration (주)예성크리에이티브 YESUNG Creative
- 녹음 Recording 미디어리더 Media Leader

Workbook 2A

초판 1쇄 발행 2022년 12월 28일
초판 5쇄 발행 2025년 12월 19일

지은이   서울대학교 언어교육원

펴낸곳   서울대학교출판문화원
주소   08826 서울 관악구 관악로 1
도서주문   02-889-4424, 02-880-7995
홈페이지   www.snupress.com
페이스북   @snupress1947
인스타그램   @snupress
이메일   snubook@snu.ac.kr
출판등록   제15-3호

ISBN 978-89-521-3125-6 04710
     978-89-521-3116-4 (세트)

ⓒ 서울대학교 산학협력단 · 2022

이 책과 음원은 저작권법에 의해서 보호를 받는 저작물이므로
무단 전재와 복제를 금합니다.

Written by Language Education Institute, Seoul National University
Published by Seoul National University Press

Copyright ⓒ Seoul National University R&DB Foundation 2022

All rights reserved. No part of this publication may be reproduced in any form
without the written permission from publisher.